2022.10.29

**이태원 참사**

10.29. Disaster

한국의 재난관리를 논하다

도서출판 윤성사 198

# 이태원 참사
## 한국의 재난관리를 논하다

제1판 제1쇄    2023년 4월 16일

지 은 이    이동규
펴 낸 이    정재훈
꾸 민 이    안미숙

펴 낸 곳    도서출판 윤성사
주   소    서울특별시 서대문구 서소문로 27, 충정리시온 제지층 제비116호
전   화    대표번호_02)313-3814 / 영업부_02)313-3813 / 팩스_02)313-3812
전자우편    yspublish@daum.net
등   록    2017. 1. 23

ISBN 979-11-981954-9-4 (03350)

값 14,000원

ⓒ 이동규, 2023

지은이와의 협의에 따라 인지를 생략합니다.

이 책의 전부 또는 일부 내용을 재사용하려면 반드시 사전에 저작권자와
도서출판 윤성사의 동의를 받아야 합니다.

잘못 만들어진 책은 구입하신 서점에서 교환 가능합니다.

이 저서는 2022학년도 동아대학교 연구년 지원에 의한 연구임.

# 이태원 참사

## 한국의 재난관리를 논하다

이동규

2022.
10.29.
Disaster

기억은 힘이 셉니다

우리의 기억이 가진 힘으로
다시는 이런 참사가 반복되지 않는 세상을
만들어 주세요

보운성사

# 머리말

대규모 참사는 엄청난 관심을 얻는다. 재난 실패는 뉴스 기사에서 명백해진다. 국회에서 실패의 책임자는 자주 호명된다. 언론과 입법 체계에서 이런 행위자들의 활동은 참사의 문제점과 해결책을 촉진하기 위해 다양한 정책 아이디어와 토론 증가로 연결된다.

대규모 재난이 발생하면, 정책결정자들이나 정책입안자들은 '뭔가 해야 한다(do something)'는 강한 욕구에 직면하게 된다. 왜냐하면 여론과 정치권에서 책임지기로 한 정부나 조직이 거의 또는 전혀 통제하지 못한 재난으로 책임 고착(blame fixing)에 대한 인과적 이야기(causal stories)가 묘사되고 부각되기 때문이다. 지배적인 정당이나 연합은 이런 책임 고착을 벗어나기 위해 신속하게 학습을 전개한다.

피해자와 그 가족, 그리고 대중은 여론과 정치권에서 제기하는 정부의 재난관리 실패와 관련한 새로운 문제에 관심을 기울이게 된다. 이러한 거대한 주목을 받는 것에 부담을 느낀 정부는 직접 추천한 교수, 협회와 단체 전문가, 엔지니어, 과학자들로 구성된 전문가 공동체 등 내부 주도로 학습을 시작한다. 피해자와 그 가족, 그리고 일반인이 제외된 정책 영역(policy without a public)에서 혁신을 위한 진단과 처방을 수행하게 되는 것이다.

정부 실패가 정점으로 부각될 때 심사숙고한 토론의 결과와 학습에 기인하지 않은 문제 해결 방안이 쏟아지게 된다. 하지만 시간이 지나가면서 여론과 대중의 관심이 시들해질 가능성이 있다. 그러다 보면 정책 과정의 다양한 참가자들이 자신이 학습한 교훈을 망각하게 될 수 있다. 그렇게 되면 학습 없는 흉내(miminking)와 모방(copying), 그리고 미신(superstitious) 같은 학습이 대중과 여론의 제대로 된 학습을 방해한다. 결국 정부와 지배연합(정당)은 신중한 분석 없이 대규모 참사 이후 무언가를 해야 하는 압력의 결과에 정치적인 전술을 모으려고 노력하면서 상황이 종료되기도 한다. 재난 관련 예산의 증가와 인력 및 조직의 확대, 그리고 근본 문제가 해결되지 않은 (여전히 학습이 필요한) 정책이 누적된다.

재난사건 이후 정책 변동을 연구한 학자들의 논의를 살펴보면 우리의 경우도 외국의 문제 제기와 크게 다르지 않다. 이러한 이유를 집요하게 찾아내는 것, 그리고 그 결과를 일반인에게 공유하는 노력이 연구자에게 부여된 업(業, 役)이라 생각하고 있다.

미래 안전한 대한민국을 논(論)하기 위해 산적한 과제들이 있다.

첫째, 사소한 사건이나 사고라도 재난 원인과 관련된 교훈이나 개선점 등을 기록하고 관리하기 위한 '가칭 국가재난안전조사위원회'의 신설 및 상설화, 그리고 전문화가 필요하다. 왜냐하면 이전에 발생했던 유사한 사건·사고에서 재발 방지를 위한 근본 원인 탐색과 이를 해결할 대안을 지속적으로 학습할 필요가 있기 때문이다. 이를 근거로 재난안전 관련 기관들과의 제도화된 상호 작용을 수행해야 한다.

둘째, 중앙정부와 지방자치단체는 유사시 국가 기반 체계를 대신할 비상 체계를 과학적으로 설계하고 대비해야 한다. 지역의 경제와 재난 취약성을 고려해 재난 발생 시 핵심 기능을 유지할 수 있도록 이중화(duplexing)하고, 백업화(back-up)하며, 로컬화(localizing)하는 전략을 선택적으로 체계화해야 한다.

셋째, 중앙정부와 지방자치단체, 사회단체들은 '재난 대비 긴급 지원 협정'을 통해 신속하게 유·무상 자원을 지원해야 한다. 「재난안전법」 제44조 등에서는 재난 대응에의 지원을 위한 규정을 두고 있지만, 피해가 발생한 지방자치단체에 긴급 물자 지원, 의료 지원, 수송 지원, 이재민 수용 임시 주거시설 제공, 긴급 복구 등을 빠르게 지원하기 위해서는 좀 더 선제적인 협약의 체결과 같은 대비가 필요하다. 만약 어느 지역의 지방자치단체에서 대규모 재난 발생이 우려되거나 발생하면 가용할 수 있는 인적·물적 자원이 있는 인접한 여러 지방자치단체와 사회단체 등이 먼저 투자하고 지원한다. 이러한 선지출한 비용은 재난이 종료되면 결산 및 재정 지원을 해 주는 방식이다.

넷째, 안전문화 성숙도와 관련한 역량을 강화해야 한다. 지역 주민들은 안전에 대한 주체적 역량을 키워야 한다. 안전의식을 위한 안전교육도 산발적이고 일회적으로 끝나면 안 된다. 전례 없는 대규모 재난 상황에 대한 사전에 준비하고 검토하고, 그리고 개선하는 것이 안전한 대한민국의 시작이다.

「재난 및 안전관리 기본법」으로도 해결되지 않는 근본적인 문제점을 정리하면 다음과 같다.

첫째, 재난에 편중돼 있고 안전관리에 대해서는 통일적인 규율이 이뤄지지 못하고 있으며, 관련 법률들이 분산돼 있다. 과거 행정안전부는 개별 안전과 관련한 부처별로 관리하는 법률들과 「재난안전법」에 이러한 문제가 있다는 점을 들어 '안전관리 기본법의 제정'을 고려할 수 있다고 주장한 적이 있다. 다만 기본법이 개별 법률보다 우선할 수 있는지가 여전히 모호하기 때문에 충분한 검토가 필요한 부분이다.

둘째, 재난의 예방 업무를 담당하는 재난관리책임기관과 재난 발생 시 그에 대한 대응 업무를 담당하는 재난관리주관기관이 설치돼 있어 업무의 중첩 또는 공백이 발생할 가능성이 있다는 점이다. 나아가 각 개별법에서 안전관리 업무를 담당하는 별도의 기관이 존재하는 경우에는 상당한 혼란이 우려된다.

셋째, 「재난안전법」에서는 민관 협력을 위해 중앙 및 지역 민관협력위원회를 설치·운영할 수 있도록 하고 있으며, 재난에 관한 예보·경보·통지나 응급조치 및 재난관리를 위한 재난방송이 원활히 수행될 수 있도록 중앙재난방송협의회를, 지역 차원에서 재난에 대한 예보·경보·통지나 응급조치 및 재난방송이 원활히 수행될 수 있도록 지역재난방송협의회를 설치할 수 있도록 하고 있다.

넷째, 현장 중심의 재난 대응 체계가 우리나라의 재난안전법의 경우에는 안전관리를 담당하는 주체와 재난의 대응을 담당하는 주체가 달라 사고가 발생하는 순간에 지휘권의 공백이 발생할 우려 또한 존재한다.

다섯째, 「재난안전법」에 따라 민관 협력의 증진을 위한 민관 협력 체계가 수립돼 있지만 안전에 대한 일차적인 책임을 부담하고 있는 산업체의 의견을 제시하고 반영할 수 있는 제도가 미흡하다는 점이다.

이 책은 독자들을 위해 '국회 용산 이태원 참사 진상 규명과 재발 방지를 위한 국정조사 특별위원회'에 전문가 위원으로 참여하면서 기록하고 정리한 내용에 국정조사 결과보고서의 근거를 제시했으며, 여기에 과거 대형 재난사고를 접할 때마다 기고하거나 의뢰받았던 글을 추가했다.

관찰과 기록의 결과물을 세상에 내놓는 작업은 연구자로 사회에 할 수 있는 유일한 기여라고 생각한다.

이태원 참사에서 제기된 (과거 사회재난에서 여전히 학습되지 않은) 교훈들,

학습을 해야 할 실천 과제, 그리고 패러다임의 전환과 디지털 재난관리 체계에 대한 담론을 공유한다.

이 책이 모쪼록 누군가의 학습에 도움이 되길 바란다.

2023년 3월
동아대학교 대학원 재난관리학과 교수
긴급대응기술정책연구센터 소장
**이동규**

# 목차

머리말 ......................................................................... p4

## 제Ⅰ부
**이태원 참사,
학습되지 않았거나 학습이 필요한 교훈을 논하다**

1. 세월호 참사 및 코로나 대응 이후의 교훈 도출 ................... p17
2. '총체적 재난 대응 체계' 대수술 필요:
   범대본-중대본 '총괄·조정 역할' 바로잡자 ......................... p21
3. 안전 패러다임 전환과 재난 학습 ..................................... p35
4. 이태원 참사 이후, 되새겨야 할 교훈 ................................ p38
5. 공직문화에서 사전에 예측하는 행정이 익숙한가? ............... p41
6. 선출직 및 정무직 공무원은 재난 상황에 취약하다? ............ p48
7. 재난 및 안전관리 업무와 지방자치단체 업무 경계의 모호성 .. p53
8. 지방자치단체의 재난사태 선포 권한 ................................ p57
9. 대응 단계: 상황 전파의 지연과 지휘 체계 및 역할 분담의 문제점 .. p63
10. 컨트롤타워 논란: 재난 컨트롤타워는 도대체 누구인가? ...... p74

11. 중앙사고수습본부: 다중밀집사고의 경우 재난관리주관기관과
    중앙재난안전대책본부와의 관계 ............................................... p80

12. (중앙 및 지역) 재난안전대책본부의 설치 및 운영:
    설치 여부 판단 기준과 모바일 상황실(민간 SNS)을 활용한
    가상공간에서의 협의는? ............................................................. p87

13. 중앙재난안전대책본부와 지역재난안전대책본부의
    보충성과 연대성? ........................................................................ p91

14. (중앙 및 지역) 재난안전대책본부와 긴급구조통제단의 관계 ...... p98

15. 긴급구조통제단의 역할 ................................................................ p109

16. 진상 규명 관련 문제점과 해결책 ................................................ p117

17. 이태원 참사 이후, 재발 방지 대책을 위한 제언 ........................ p123

# 제Ⅱ부

## 한국 재난관리의
## 실천 과제를 논하다

1. 「재난 및 안전관리 기본법」의 법체계상 지위 정립 ............... p147
2. 20대 국회 주요 법안:

    「재난 및 안전관리 기본법」의 개선과 입법 과제 ............... p155
3. 국민의 생활안전과 재정의 역할:

    재난·안전 재원의 배분적 효율성을 제고하기 위한 합리적 방안 ... p161
4. 통합적인 국가안전 계획을 수립할 때다 ............... p166
5. 재난안전 분야에서 고려해야 하는 네 가지 개념 ............... p169
6. 재난관리책임기관의 역할과 책임 방향 ............... p171
7. 국가 재난대응 체계의 미래 방향 ............... p180
8. 실질적인 피해 회복 지원 체계의 수립 ............... p186
9. 인간 감염병 확산과 지방자치단체의 자치조직권 강화 ............... p189

# 제Ⅲ부

## 패러다임 전환과
## 디지털 재난관리 체계 구축을 논하다

1. 재난관리의 패러다임을 바꾸자 ..................................... p195
2. 새해에는 대규모 복합재난에 대비해야 ........................... p198
3. 재난관리를 위한 데이터 기반의 예측행정 시스템의 선결 조건 .... p201
4. 재난관리에서의 예측분석 적용 방향 ............................. p207
5. 인공지능(AI)·데이터 기반의 실시간
   '재난안전 디지털 플랫폼 정부'의 실현 ........................... p211
6. 도시 경쟁력 제고를 위한 빅데이터 활용 방안:
   내부 데이터를 한 곳으로 모으고 외부 데이터와 연계 체계 구축 ... p213
7. '소방 빅데이터 센터' 왜 필요한가 ................................. p225

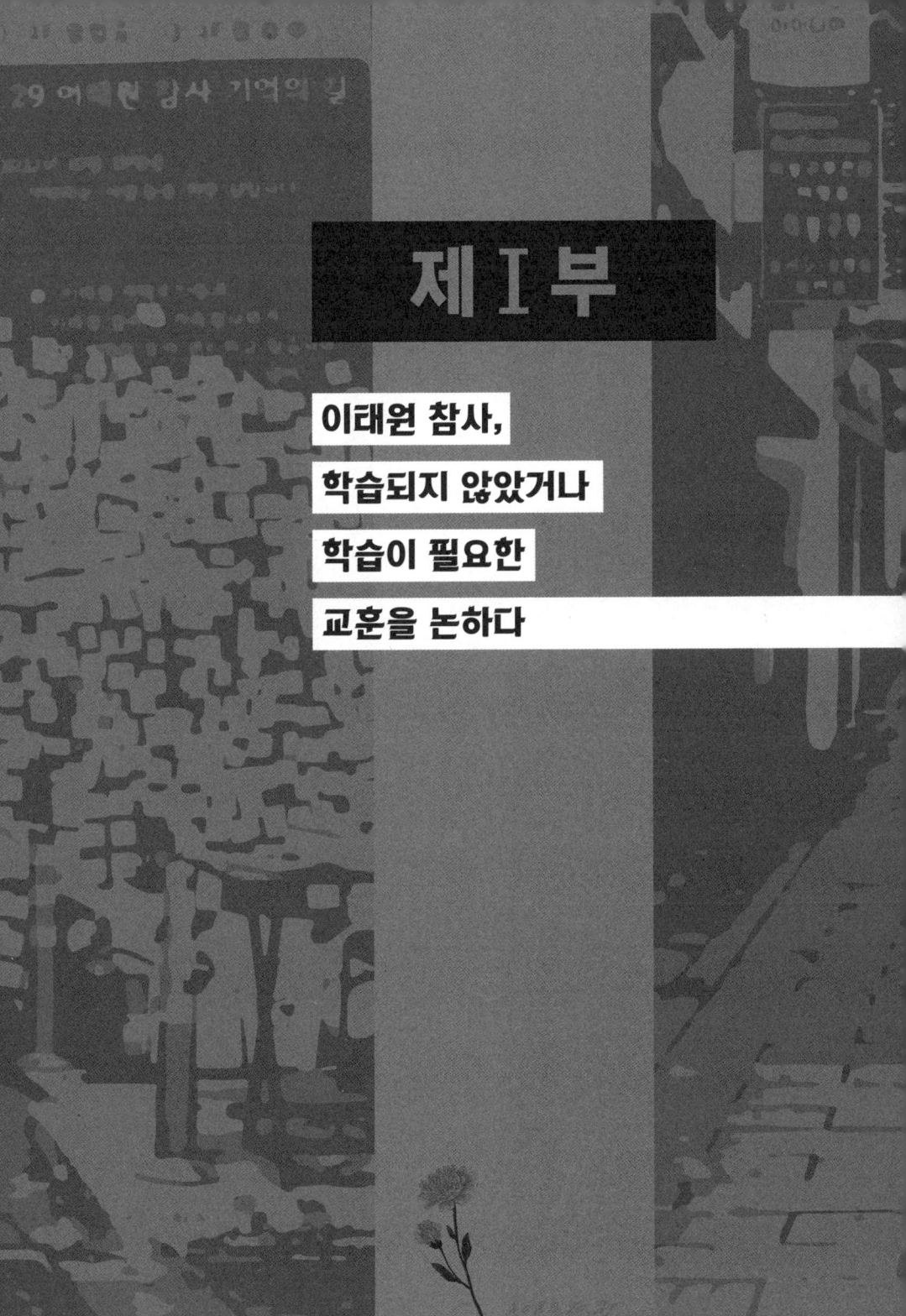

# 제I부

이태원 참사,
학습되지 않았거나
학습이 필요한
교훈을 논하다

2022.10.29

# 세월호 참사 및 코로나 대응 이후의 교훈 도출

10.29. Disaster

2014년 세월호 이후, 언론과 학술 문헌에서 끊임없이 지적된 내용은 다음과 같다.

① 실제 국민들의 안전과 직결되는 산업재해, 대중교통 안전 등과 같은 생활상의 안전에 대한 부분에 대해서는 활동이 미흡한 점, ② 사고에 대한 예방 활동이 부족한 점, ③ 이질적인 사회재난 분야를 단일한 기관에서 다루는 것은 한계가 있다는 점, ④ 지진 발생의 사례에서 볼 수 있듯이 신속한 대응이 이뤄지지 않는 점, ⑤ 재난관리자들의 전문성과 실행력이 부족한 점, ⑥ 정부조직이 경직되고 관료화돼 있는 점, ⑦ 당국은 '정보 비공개'로 대표되는 수동적 방어 기제 행태를 취하고 있는 점, ⑧ 국민행동요령에 대한 평생교육 시스템이 미흡한 점, ⑨ 정부 부처 간의 긴밀한 공조 체계가 부족한 점, ⑩ 재난관리 전문가의 부족으로 인해 재난관리에 대한 전문성이 부족한 점 등이다.

코로나19 총력 대응을 위해 중앙재난안전대책본부에 공동차장제를 도입하고 운영했다. 기존에는 국무총리가 중대본부장을 맡고 행안부 장관이 단독으로 차장을 맡도록 돼 있었다. 법 개정을 통해 관계 부처와 지자체 협업 체계를 공고히 하기 위한 범정부 대응 체계를 개선하기 위해서 복지부 장관이 1공동차장과 행안부 장관이 2공동차장으로 수행하면, 행안부 장관의 역할과 책임은 정확하게 어떻게 되는 것인지 모호하다. 과연 관계 부처와 지자체 협업 체계가 공고히 이뤄지고 있는지 살펴볼 필요가 있다(실제로 국무총리가 중대본부장이 되는 경우와 신종 복합재난의 경우에 총괄·조정의 권한을 가진 행정안전부는 N차 공동차장이 되는 것이 문제임).

※ 1차장(복지부 장관, 방역대책 추진), 2차장(행안부 장관, 부처 협력 및 지자체 지원) (재난기본법, 2020.6.9., 법 개정)
☞ 방역 대책과 범정부 지원 두 축으로 중대본을 구성하고, 국무총리 중심으로 단일 체계 구축

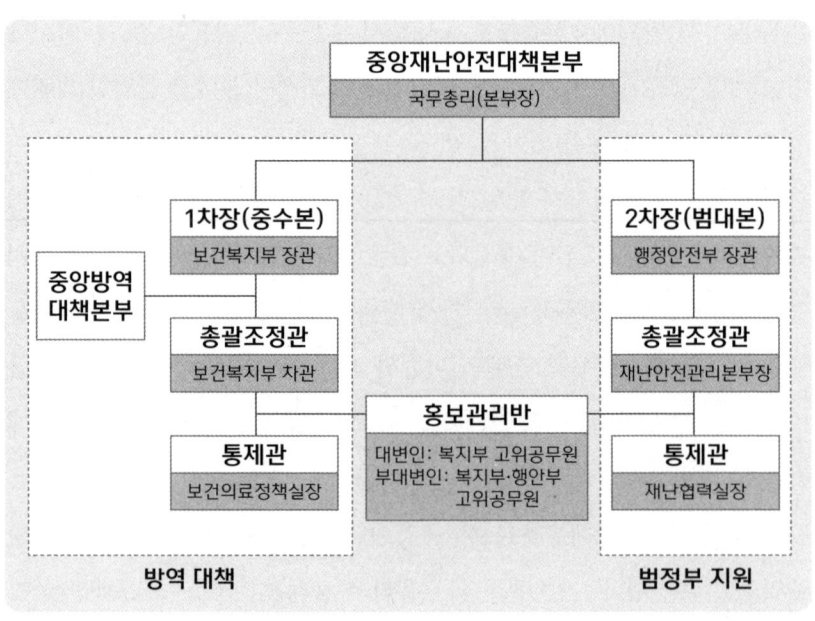

출처: 중앙재난안전대책본부 회의 자료(2020년 2월 25일) 자료 참조.

또한 코로나19 방역을 중앙재난안전대책본부장으로 지휘를 하고 있던 국무총리는 삼청동 총리공관에서 지인들과 점심을 함께하면서 방역수칙을 위반해 과태료를 납부했다.[01] 그런데 「재난 및 안전관리 기본법」 제15조 제2항에 따르면, 중앙재난안전대책본부장은 대규모 재난의 수습이 끝날 때까지 중앙대책본부에서 상근해야 한다고 규정돼 있다.

이런 것은 법의 실효성 또는 실현가능성 차원에서 나타나는 현상을 어떻게 이해해야 하는지 의문이다. 일방적으로 지적하는 것이 중요한 것이 아니라 국가의 여러 역할을 수행해야 할 국무총리가 장기화된 재난 상황에서 중대본부장 역할을 수행하는 것이 적절한지 검토가 필요하다.

「재난안전법」에서는 행정안전부 장관이 재난사태를 선포하도록 하고 있으나, 재난은 지역에서 발생한다. 이러한 경우에 행정안전부 장관이나 대통령이 재난사태를 선포하도록 하는 것은 시간적으로 불필요한 지연을 발생시킬 수 있다. 또한 지역재난안전대책본부의 상황판단회의를 유명무실하게 만들 우려가 있다.

현행 「재난안전법」은 재난 원인 조사를 규정하고 있으나, 그 사유가 한정돼 있다. 일시적인 것이다. 따라서 문제를 해결하기 위한 근본적인 재난 원인 조사가 이뤄지기에는 한계와 제약이 명확하다. 또한 전문적인 재난 원인 조사 인력 확보와 양성도 어렵다. 한시적인 사회적 참사 특별조사위원회로는 진상 규명의 한계와 효과적인 제도 개선의 어려움이 존재하므로 개선이 필요하다.

이번 코로나19로 인한 각종 손실 보상은 전 국민 또는 일부 국민에 대

---

01 "김부겸 총리, 사적 모임 방역수칙 위반 과태료 납부 완료"(연합뉴스)
https://www.yna.co.kr/view/AKR20211115082900530

해 일괄적으로 이뤄졌으며 그때마다 상당한 논란을 일으켰다. 또한 기존의 「재난안전법」에 따른 보상 체계는 자연재난에 대한 보상 및 지원을 바탕으로 설계된 것으로서 주로 개인의 재산상의 직접적인 피해에 대한 것을 중심으로 규정하고 있기 때문에 실질적인 보상 및 지원에 대해서는 일관된 원칙이 없었다.

이상의 문제들 외에 여러 문제는 법의 사각지대와 법의 부재로 인해 발생된 것이 아닐 수 있다.

형식적인 안전관리 요구의 부담과 순환보직으로 인해 전문성을 확보하기 어려운 담당자들이 우리의 재난안전법을 이해하지 못해서 온 문제일 수도 있다고 생각한다.

재난 실패 시 무조건 법 개정을 할 것이 아니라 기존 법률이 제대로 작동하지 않는 이유부터 찾는 것이 중요하지 않을까? 지금의 우리의 법률도 수단 및 사회 학습의 결과라고 생각해야 한다. 따라서 기존 법률을 이해해 적극적으로 적용하거나 활용하는 것이 중요하다. 이러한 노력을 통해 법제도 미비로 인해 사회문제가 발생된다는 오명을 씻고, 협업을 방해하는 것이 더 이상 재난안전법이 아닐 수 있다는 것을 이 책을 통해 입증하는 계기가 됐으면 좋겠다.

## '총체적 재난 대응 체계' 대수술 필요: 범대본-중대본 '총괄·조정 역할' 바로잡자*

10.29. Disaster

대한민국의 '총체적 재난 대응 체계'가 2014년 4월 16일 발생한 '진도 해상 여객선 세월호 침몰사고'를 계기로 대대적인 수술을 받아야 할 것 같다. 세월호 침몰사고와 불과 두 달 전에 발생했던 경주 마우나 오션 리조트 참사에서 두 가지 교훈을 얻었다.

먼저 다수의 학생을 동반한 모든 여정에는 반드시 현장을 확인하고 가급적 안전이 확보되지 않은 행사 참여는 자제해야 된다는 것이다. 다른 하나는 대규모 학생이 참여하는 행사에는 체계적인 안전관리 매뉴얼이 필요하다는 것이다. 이것은 비단 대학생 참여 행사에 국한된 교훈이 아니었다.

### 1) 재난관리 선행 학습 효과가 안 보인다

미국 정책학자 버클랜드(Thomas A. Birkland)는 2006년에 출간한 자

---

* 2014.5.16. 세이프투데이
  http://www.safetoday.kr/news/articleView.html?idxno=15370

신의 저서 『재난의 교훈: 대형재난 이후의 정책 변화(Lessons of Disaster: Policy Change after Catastrophic Events)』에서 대형재난(catastrophes)을 "인간의 고의적인 행위나 중대한 불법행위에 의해 촉발된 위기로, 책임지기로 한 조직이 거의 또는 전혀 통제할 수 없는 재난"으로 정의했다.

정부가 대형재난의 취약성에 노출되면 즉각적으로 '무언가를 해야 한다(do something)'라는 압박에 시달린다. 대형재난이 발생하면 정부와 관련된 여러 정책이 부분적인 공백에 직면하게 되지만 대형재난에 필요한 조치 등을 지체하지 않고 긴급하게 대응하려 한다.

그리고 정부활동에 대한 이러한 압력은 시간이 지날수록 가중된다. 정부는 노출된 문제점, 그 한계를 극복하고자 노력한다. 이러한 정부활동의 과정은 매스 미디어를 통해 그대로 전달된다. 대중들은 그 과정을 지켜보면서 '그래도 뭔가가 되고 있구나' 하는 정부에 대한 지지가 조금씩 증가되고 정부실패에 대한 책임 이슈가 쇠퇴된다. 여기까지가 이론에 근거한 필자가 이해한 내용이다. 다만, 이견은 존재했다. 지금까지의 한국의 대형재난 사례에서 '정부가 전혀 통제할 수 없는 재난'은 존재하지 않았기 때문이다. 그래서 이론에서만 존재하는 학술적 개념에 대한 확장화(overscaling) 시도로 이해했다.

대형재난을 정부가 두려워하는 이유는 만약 발생한다면 높은 파괴력으로 이어질 가능성이 높고 잠재적 피해가 언제든지 노출될 수 있는 취약성을 내포하기 때문이다. 대형재난의 특성상 정책 주요 결정자들이 겪는 내부 충격에서부터 모든 대중에게 외부 충격으로 빠르게 확산된다.

모든 정부 부처는 문제점을 대응하기 위해 필요한 모든 유관 기관과 관련된 정책 영역을 파악해 업무 협력 및 조정을 요청하게 된다. 그래서 중요한 것이 바로 학습 효과(learning effect)다. 왜냐하면 재난 현장에서 발생한 갑작스러운 문제점들을 기존에 누적돼 있는 아이디어들을 활용해 신속하게 수정하고 보완해야 하기 때문이다. 그런데 세월호 침몰사건 이후 이러한 학습 효과가 활용되지 않는 현상을 볼 수 있었다.

세월호 선장과 항해사 등 선박직 승무원들의 중대한 불법행위, 세월호와 관련된 안전불감증, 그리고 정부가 그토록 강조해 왔던 총체적 재난 대응 체계의 부실 등 '통제할 수 없는 대형재난' 관련 이슈가 재점화되고 있다. 대중이 먼저 '뭔가가 제대로 되고 있지 않다'를 먼저 느끼고 있다.

정부에 대한 불신이 조금씩 증가되고 정부 실패에 대한 책임 이슈가 부각되는 현상들을 보면서 이전에 알고 있었던 이론이 하나씩 비웃기라도 하듯이 깨지고 있다. 대중도 대중이지만 무엇보다 정부가 거의 통제할 수 없는 재난으로 판단했던 재난이 시간이 지날수록 전혀 통제할 수 없는 재난으로 변하고 있는 데 심한 충격을 받은 것 같다.

정부가 긴급 대응하면 할수록 매스미디어에서는 뒷북행정, 늑장행정, 탁상행정, 오락가락행정, 전시행정, 깜깜이행정 등의 연관 키워드 시리즈가 확산된다. 이러한 정부 실패에 대한 책임에 질문과 해결책을 강요받는다. 그 정도가 얼마나 심각했으면 문제 해결을 위한 융통성을 전혀 발휘하지도 못하고 있다.

조심스럽지만 정부가 긴급 대응을 실패한다는 매스미디어 쇼크에 장시간 노출되면서 스토(Barry M. Staw), 샌덜랜즈(Lance E. Sandelands), 그리고 더튼(Jane E. Dutton)이 지적했던 위협 경직성 효과(threat-rigidity effect)로 이어진 것 같다.[01]

---

01 Staw, B. M., Sandelands, L. E., & Dutton, J. E. (1981). "Threat-rigidity effects in organizational

이는 이미 효율성이 상실된 것으로 인지했음에도 과거의 관행을 끈질기게 지키려고 하고 변화에 대한 두려움으로 과거의 명령과 통제 성향을 보이는 행동들이 더 경직되게 표출돼 나오는 현상을 의미한다. 즉, 정부는 세월호 참사를 경험하면서 학습 효과는 고사하고 해상사고에 대한 취약성에 경직돼 학습에 기댈 엄두도 내지 못하는 것 같다.

## 2) 중앙재난안전대책본부의 아름다운 항명

"왜 세월호 침몰사건 발생 이후 중앙재난안전대책본부(이하 중대본)가 제대로 작동되지 않는가?"에 대한 정확한 해답을 그 어느 누구도 제시하지 못하고 있다. 중대본은 한국의 대형재난과 관련된 경험적 근거를 가지고 있다. 이러한 대형재난을 다룬 경력은 안전행정부의 자랑스러운 상징과 명성 그 자체였다.

국가재난정보센터에 등록된 대형재난으로 삼풍백화점 붕괴사고, KAL기 추락사고, 태풍 루사, 대구지하철 참사, 태풍 매미, 강원도 양양 및 고성 산불, 태풍 에위니아, 허베이스피리트호 유류 오염사고, 신종플루, 구제역 확산 등이 있다. 화려하진 않지만 포기하지 않고 뒷심을 발휘해 그 한계를 극복해 왔다.

이러한 경력들을 바탕으로 관리 및 운영 매뉴얼, 표준 매뉴얼 등을 작성하기 위해 모든 유관기관에 협조를 요청하는 자리를 만들 수도 있었다. 「재난 및 안전관리 기본법」 제14조 제1항, 제3항, 그리고 동법 제15조에 분명하게 규정돼 있다. 중대본은 예방·대비·대응·복구 등에 관한 사항을

---

behavior: A multilevel anaysis."  *Administrative Science Quarterly*, 26: 501-524.

총괄·조정 그리고 필요한 조치를 해야 하고 중대본부장(안전행정부 장관)은 효율적으로 대응하기 위한 체계를 갖춰야 한다. 또한 대규모 재난의 수습이 끝날 때까지 중대본부에서 상근해야 한다.

우리는 이 규정을 준수할 때 대형재난을 대응하기 위한 컨트롤타워가 구축됐다고 인지하게 되는 것이다. 총괄·조정은 바로 중대본의 역할이다. 중대본은 현장지휘 체계와 정보 공유 및 의사소통, 부처 간의 협력 및 조정, 민·관·군을 언제든 연결할 수 있는 스위치보드(switchboard) 역할을 해야 한다. 그리고 본부장인 안전행정부 장관이 갖춰야 할 대응 체계는 현장지휘자 중심으로 현장지휘 체계를 구축해 주는 것이다. 중대본은 빠른 현장지휘 체계를 구축하기 위해 존재하는 정보 공유 및 의사소통, 협력 및 조정, 스위치보드를 위한 컨트롤타워로 자리매김해야 하는 것이다.

세월호에서 조난 신고가 접수된 이후 중대본이 문제로 인식하고 대처한 시간은 한 시간가량이다. 세월호 사고 당일부터 승선 인원 집계 오류, 희생자 집계 오류, 대변인의 용어 혼선 등 중대본의 역할과 중대본부장의 야식 소동 등이 부정적 이슈를 증폭시켰다.

중대본과 해양경찰청은 공공 지표 집계 오류에 대한 책임 회피에 급급했다. 중대본 상황관리규정 제7조 제2항에 상황판단회의 시 해당 업무에 관련되는 자로 구성하며, 필요한 경우에는 외부 전문가를 참석시켜 자문을 구할 수 있다는 규정조차도 준수하지 않았다.

중대본과 중대본부장을 정부와 국민 모두가 신뢰하지 못하니 4월 20일자로 확인된 재난 대응과 관련된 역할을 자처하는 유기체만 해도 중앙사고수습본부(해양수산부, 교육부), 지방사고수습본부(목포 및 인천항만청), 중앙구조본부(인천 해양경찰청), 중대본(안전행정부), 범정부사고대책본부(서해

지방해양경찰청; 목포 소재), 범부처사고대책본부(진도군청), 합동현장지휘본부(경기도 안산 안산올림픽기념관) 등을 설치해 난립하게 됐다.

이 정도면 학부모 대표 명의의 호소문에서도 밝혔지만 "상황을 제대로 판단하고 전달해 주는 정부 관계자가 아무도 없다"라고 한 표현이 이해된다. 사고 후 사흘이 지나서야 국무총리가 서해지방해양경찰청에서 가동된다던 범정부사고대책본부(이하 범대본)를 진도군청에서 가동했다.

따라서 한국에서 발생한 대형재난에서 역사와 전통을 가진 중대본이 재난관리 역사상 처음으로 현직 국무총리로부터 "구조활동에 관련된 통계만 발표하라"는 지시를 받게 됐다.

미국의 NRCC(National Response Coordination Center: 국가재난대응조정센터) 역할을 하는 중대본의 모든 활동을 정지하는 명령을 선언한 셈이 됐다. 기존의 수많은 학습을 통해서 막대한 예산이 투입돼 연구한 결과물이었던 중대본 중심의 재난 컨트롤타워 기능 강화는 한순간에 휴면 상태로 전락하고 그 중심으로 작동하라던 표준 매뉴얼과 관리 및 운영 매뉴얼은 흔적도 없이 폐기되는 순간이었다.

처음에 단순한 집계에서 실수할 수 있다고 가정해 보자. 그리고 용어 혼선도 있었다고도 생각해 보자. 이러한 중대한 실수로 인해 중대본을 중지명령을 내린 내각 책임자의 애통한 심정도 이해가 가지만 왜 안전행정부 그 어느 누구도 "잘못을 인정합니다. 하지만 통렬한 반성을 통해 지금부터라도 피해자 가족들을 생각하면서 조정과 협력에 만전을 다하겠습니다"라고 나서지 않는지 이해할 수 없다.

책임져야 할 부처의 중대본이 빠져 버리면 이번 정권에 막 들어선 해양수산부 중심의 범대본이 제 역할을 할 수 있을지 고민해 봐야 한다. 현행 법체계상 대규모 재난에 대한 대응에 대한 총괄·조정에 대한 권한은 범대본에 부여하지 않고 있는데 문제가 있다. 가뜩이나 정부실패에 대한 책임 고착이 관료들에 집중되는 상황에서 권한이 없는 범대본에 어느 누구도 적극적으로 책임지고 참석할 명분이 없기 때문이다.

또한 범대본의 든든한 배경으로 존재해야 할 국무총리도 4월 27일 전격 사의를 표명했다. 중대본이 빠지면 안 되는 이유가 바로 여기에 있다. 범대본을 탄생시켰으면 중대본이 기여할 역할을 스스로 찾아서 제시해야 한다. 지금이라도 빠른 사고 전환을 해야 한다.

현장지휘소 중심의 컨트롤타워를 제대로 구축할 수 있도록 지원하고 쓸데없는 미디어 대응을 하지 않도록 막아 줘야 한다. 국무조정실과 범대본 그리고 중대본은 막강한 삼각 체계를 이뤄 현장지휘소가 업무에만 매진하게 환경을 조성해야 한다. 그리고 조정과 협력을 위한 컨트롤타워가 돼야 한다.

또한 현장지휘소에 필요한 모든 가용 가능한 인적 자원과 물적 자원을 연계해 줄 수 있는 중간 스위치보드 역할도 자처해야 한다. 그래서 현장지휘소에서 필요한 것이 있을 때에 바로 스위치 연결을 할 수 있는 체계도 조성해 줘야 한다. 지체할 시간이 없는 이유가 여기에 있다.

정부조직 구성원들이 정부 실패에 대한 위협에 장기간 노출돼 있기 때문에 쉽게 책임지고 나서지 않는 상황을 고려해야 한다. 결국에 해양수산부 중심의 범대본은 일시적이고 한정적인 조직이다.

위협에 경직된 정부조직이 「정부조직법」, 「재난 및 안전관리 기본법」에도 존재하지 않는 해수부 중심의 범대본이 대규모 재난에 대한 효율적인 대응 체계 구축을 위해 협조할 수 있는지 의문이다. 중대본은 절대 물러서면 안 된다. 중대본이 전혀 통제하지 못했던 재난으로 기록되지 않도록 끝까지 책임을 다하는 아름다운 응답을 기대한다.

### 3) 대규모 수색과 구조 위한 현장지휘 체계 필요

상황(conditions)과 문제(problem) 사이에는 차이가 있다. 상황은 파악해야 하고 문제는 해결해야 한다. 수색과 구조가 여기에 해당된다. 수색에서 제일 중요한 것은 상황 파악이고, 구조에서 제일 중요한 핵심은 인명을 구하기 위한 해결을 실천하는 것이다.

해경과 해군은 수색 및 구조에 대한 지휘 체계에 대한 일원화, 선박 인양에 대한 계획, 그리고 유류 오염에 대한 대책 계획 등에 시간 지연(time delay)이 발생했다. 또한 이러한 계획을 실행하기 위한 집행력은 자주 뒤처지는(lag) 현상이 발생했다.

실제로 미국의 해안경비대(U.S. Coast Guard)는 대규모 구조(mass rescue)가 필요한 사건이 발생한 경우에는 해군 중심으로 구조를 원활하게 할 수 있도록 지원한다. 즉, 지원 기능(support function)을 위한 수색 계획(search planning)에 집중한다. 수색에 필요한 인적·물적 장비는 사전에 준비가 돼 있기에 가능하다. 대신 다이버에 대한 구분을 세밀하게 구분한다.

이번 세월호 정도의 규모에서는 최초 수색 계획을 위한 다이버만 운용한다. 실제 심해에서 이뤄지는 장시간을 소요해야 하는 수색 및 구조는 해군이 전적으로 전담(main agent)한다. 핵잠수함을 운용하는 미 해군의 저력을 감안한다면 만약 심해에서 발생할 수 있는 미 핵잠수함의 사고를 대비하는 인적·물적 인프라를 해군이 대비하고 있다는 특성을 고려한다면 당연한 지침일 수 있다.

우리도 천안함 침몰사고 시에 해군이 주축이 돼 수색 및 구조를 경험한 학습을 부정할 수 없다. 물론 수색과 구조에 대한 초기 실패에 대한 책임론도 있었다. 하지만 학습에서 가장 중요한 것은 실패에서 도출된 교훈(lesson learned)이다. 천안함 침몰사건에서 도출된 교훈이 최초의 수색과 구조에 대한 학습 결과물이었기에 이러한 교훈을 반영할 수 있는 현장지휘 체계가 어디에 존재했는지 의문이다.

4월 19일과 20일에 진도 팽목항과 진도실내체육관을 각각 방문하면서 연구자로서 가졌던 생각은 이러했다. 미국에서는 국토안보국 내의 해안경비대에서 발간한 Search and Rescue 매뉴얼을 떠올리면서 우리도 수난구호법에 따른 수색과 구조에 대한 지휘 체계가 있으니 반드시 직접 현장에서 지휘하는 형태는 유사하지 않을까 싶어 찾아봤다.

대규모 재난의 경우 중앙구조본부가 해양경찰청이 돼 직접 현장지휘를 하고 지역구조본부인 서해해양지방경찰청이 현장의 수난구호 업무를 수호할 것으로 기대하고 갔다. 따라서 모든 단계에서 해양경찰청은 수난구호 협력기관과 수난구호 민간단체의 수난구호 활동의 통합 지휘가 어떤 방식으로 이뤄지고 있는지가 관건이었다.

왜냐하면 광역 및 지역 구조본부의 장에게 지역 소재의 수난구호 협력기관과 수난구호 민간단체의 수난구호 활동 역할 분담과 지휘통제권을 인정해 주고 있기 때문이다. 이러한 체계가 현행 법률에 분명하게 제시되고 있었기에 미디어에서 이슈로 점화되고 있는 수색과 구조에 대한 부정적 이슈를 믿기 힘들었다.

먼저 팽목항 현장의 모습에서 컨트롤타워의 핵심인 현장지휘소와 현장지휘자를 찾기가 어려웠다. 컨트롤타워는 높이 올려다볼 수 있는 탑처럼 긴급성을 요할 땐 누구나 인지할 수 있는 통합된 유기체로 드러나야 한다.

왜냐하면 통제하는 것도 중요하지만 연합자원의 참여가 예견이 되면 통제받을 수 있는 곳을 명확하게 드러내야 한다. 그래야 현장에서 필요한 아이디어를 효율적으로 취합할 수 있고, 자원의 분배 및 재분배도 현장지휘소에서 통제하고 또는 통제를 받기 위해 찾아갈 수 있기 때문이다. 그런데 그 어느 공간에도 현장지휘소가 없다. 어디에 위치해 있는지 흔한 표지판조차 없다.

이것이 중요한 이유는 긴급성을 요하기에 현장에 투입된 자원들이 바로 통제받아야 할 곳을 찾아가야 하기 때문이다. 때론 연합자원이 많을수록 통제하는 것보다 통제받는 것이 더 중요할 수 있기 때문이다. 수색과 구조와 관련된 현장지휘소가 벙커나 캠프의 형태로 존재할 필요는 없다. 하지만 현장에 처음 방문한 사람도 이곳이 현장지휘소인 것을 알 수 있게 해야 한다.

왜냐하면 그래야 현장과 관련된 정보의 전달과 필요한 자원과 관리할 물자들의 배분이 빠르게 진행될 확률이 높아지기 때문이다. 현장지휘자(commander)가 누구인지 분명해야 한다. 국민 모두가 알아야 된다.

적어도 여기 현장에선 대통령도 개입하지 못한다는 분명한 메시지를 심어 줘야 한다. 그래야 현장에서 민·관·군 모든 자원이 믿고 따를 수 있다. 현장 총괄지휘자 곁엔 언제나 조언을 해 줄 수 있는 안전관리 책임 스태프들이 포진해 있어야 한다.

하지만 각 분야에서 최고의 전문가들을 3명에서 7명 이내로 한정해 보좌하게 해야 한다. 커뮤니케이션을 원활하게 하기 위함이다. 공보관을 지정해 범대본에 정확하게 현장의 상황을 전달해야 한다. 이것을 토대로 범대본에서는 미디어 대응을 해야 한다.

피해자 및 피해자 학부모들과의 수색 및 구조와 관련된 아이디어 회의도 수시로 요청이 있을 땐 현장지휘소 근처에 마련된 공보관 및 연락사무관실에서 해야 한다. 현장 총괄지휘자, 그 아래에 필요하다면 수색 제1지휘자와 구조 제2지휘자를 선임해야 된다. 수색 및 구조지휘자는 현재 대형 바지선에 캠프를 차려야 된다. 그만큼 루트를 개척하고 구조를 해야 하는 일이 시급해 보이기 때문이다.

선박 인양 지휘자도 별도로 선정해 현장 총괄지휘자를 보좌하면서 수색 및 구조 현황을 바탕으로 선박 인양 플랜을 구체적으로 세우고 있어야 한다. 선박 인양 책임자는 청해진해운의 변경된 설계도를 파악해 총괄을 포함한 각 지휘자들에게 정보를 공유해야 한다. 인양에서 발생될 유류 유출에 대한 대비도 했어야 한다.

수색과 구조가 동시에 위급하게 이뤄질 땐 현장지휘소에는 많은 일을 소화해 내야 한다. 매 시간마다 탐색한 결과를 추정해 현재 뱃머리를 기준으로 어느 위치쯤 도달한 것 같은지, 바람·수온·기온, 시야 확보 상태, 파고, 해저 온도 등을 고려한 유속(流速)의 변화를 체크하고, 기상 상황을 파악해야 하며, 대원들의 상태를 파악해야 하고, 가용할 수 있는 자원을 매일 체크하며, 수색을 용이하기 위한 대안은 없는지 회의를 해야 하고, 현장 무선통신망을 확인하며, 예비로 필요한 정보를 범대본에 요청하고, 교통·통신·소방·주민지원·물류지원·보건의료·위험물 대응·대외 협력 등 현장 활동을 구축하며, 장기 과제와 단기 과제를 구분해야 하며, 행정 지원, 구조구급, 공보 지원, 자원봉사 등은 업무 연속성 유지를 위해 현장지휘 체계로 포함시킬 것인지 범대본 현장 지원 하부로 귀속시킬지도 고민해야 한다.

소방·해군·해경의 각 캠프와 자원봉사단체들의 캠프를 효율적으로 공간을 재배열하는 것이 필요해 보인다. 가령 각 캠프에 식사 배급과 음료 지원을 나온 자원봉사단체를 효율적으로 위치시키는 것도 필요하지 않을까 생각된다. 현장의 긴급성을 고려할 땐 팽목항에서 주차장까지의 도로의 폭이 좁아 보인다. 많은 보도 차량과 소속을 알 수 없는 차량들이 뒤섞여 있다. 거대한 물자가 동원될 땐 시간이 지체될 수도 있다. 온·오프라인에서 제기되는 수색과 구조 그리고 선박 인양에 관련된 아이디어를 수렴할 인력과 이를 판단할 책임관들도 현장에 있어야 한다. 이러한 이유들로 현장 총괄지휘자가 할 일이 많다.

세월호 침몰사고 이후 4월 26일부터 미디어에 등장한 현장지휘자로 인지할 수 있는 사람이 등장했다. 바로 임근조 해양경찰청 총경과 김진황 해군 대령이다. 그런데 세 가지 의문을 가졌다.

첫째, 사고 이후 열흘이 지난 시점에야 수색 현장 책임관이 등장했다는 점, 둘째, 누가 총괄 권한을 가지고 지휘를 담당하고 있는지 여부, 마지막으로 현장지휘자라면 현장을 벗어나면 안 되는 점이다.

특히 현장책임관이 진도군청에서 직접 브리핑을 하는 장면이 미디어를 통해서 송출되고 있는 점이 제일 의아했다. 왜냐하면 4월 26일은 물의 흐름이 평소보다 약해진다는 소조기(小潮期: 조금)가 지나고 변화된 물살에 대한 대비, 게 로봇이 찍은 초음파 영상을 통해 선체가 왼쪽으로 누워 문이 막힌 상태를 확인했던 시점, 그리고 언론에서 부각된 다이빙 벨의 효과에 대한 중대한 판단 등을 고려할 필요가 있었던 중요한 시점이기 때문이었다.

이러한 문제를 방지하기 위해 미국의 현장지휘 체계에서는 현장지휘자 외에 공보관을 지정한다. 현장책임자는 긴급성을 요하는 현장에 몰입한다. 다만 중요한 사고 수습에 대한 경위를 설명하기 위한 브리핑을 할 때는 현장에 구축한 공보관실을 활용해야만 한다. 그 밖에도 2010년 3월 천안함 구조 당시 과로로 인한 한주호 준위의 사망을 통해 해상 구조와 관련된 활동에도 표준 책임 업무 매뉴얼과 수색과 구조를 통한 재난심리치료 체계가 필요하다는 것을 논의했다.

하지만 이번엔 구조 지원을 하던 해군 수병과 수색에 투입된 민간 잠수사가 목숨을 잃었다. 또한 수색과 구조에 참여한 민간 잠수사, 해경 그리고, 해군 요원들이 잠수병이 심한 사례가 발견되고 있다. 해양경찰청은 소방방재청에서 작성했다던 재난 심리치료 매뉴얼을 활용할 생각조차 없다. 정부의 도출된 교훈들의 무시와 자체 폐기한 학습의 결과는 너무나 가혹했다.

### 4) 실패의 결과물에서 미래 안전 학습하자

국무총리는 해양수산부, 안전행정부, 국토해양부 등과 함께 범대본과 중대본의 총괄·조정 역할을 바로잡아야 한다. 그리고 지금이라도 현장지휘소 중심으로 효율적인 대응 체계를 구축하는 방법을 모색해야 한다.

현장지휘소는 현장에 있어야 한다. 그리고 현장지휘자를 중심으로 관련 실무자들이 업무에만 집중할 수 있게 하자. 지금부터라도 권한, 예산, 인력 및 물자 동원, 책임을 주면서 학습을 시켜야 한다. 이것은 가장 먼저 습득하고 있어야 했던 선행 학습이었다. 선행 학습이 폐기되지 않도록 지금부터라도 준비해야 한다.

현장에서 지휘하는 현장지휘자는 계급이 높고 권위 있는 분을 의미하지 않는다. 실패에 대한 경험도 좋다. 거기서 교훈을 얻을 수 있는 환경을 구축해야 한다. 우리가 쉽게 이야기하는 민·관·군의 연합은 이상적인 조합이다. 때로는 현장의 특성을 반영해 경험이 있는 민 또는 군을 중심으로 현장지휘 체계를 조성해야 한다.

따라서 관(官)은 이들을 위한 조정 역할에 매진해야 한다. 이러한 재난 대응 체계 개편을 논의하기 전에 우리가 도출해야 되는 교훈부터 학습할 준비를 하자.

# 안전 패러다임 전환과 재난 학습*

10.29. Disaster

　이태원 참사 후 정부는 다중인파사고 태스크포스(TF)와 범정부 국가안전 시스템 개편 TF, 경찰 대혁신 TF 등을 구성해 연말까지 종합대책을 마련하기로 했다. 안전 패러다임 대전환을 위해 인파관리 시스템을 구축하고 매뉴얼도 마련하겠다고 한다.
　하지만 재난관리에서 반복적인 실패로 이어지는 이유는 재난 학습을 성급하게 진행하기 때문이라는 관점도 존재한다. 각 부처 담당자들이 속도전으로 재발 방지 대책을 마련하다 보면 이전에 폐기된 정책이 검증 없이 쏟아질 수 있다. 재난에 대비한다며 예산을 증액하는 기회로 삼기도 한다.
　몇 가지 질문을 던져 보자. 세월호 참사 이후 각 부처에서 이미 구축한 재난안전 관련 시스템은 몇 개가 존재할까. 담당자가 바뀌더라도 지속적으로 활용되고 있는 시스템이 있는가, 개발과 사용 목적이 다르지만 연계할 수 있는 시스템이 존재하는가?

---

* 서울신문, 2022.11.22.
　https://www.seoul.co.kr/news/newsView.php?id=20221122026008&wlog_tag3=naver

재난 학습은 이미 구축한 유사 시스템 활용을 통해 도출된 교훈을 점검하는 것부터 시작해야 한다.

시스템을 사용할 '사람'에 대한 정책 설계도 고려해야 한다. 시스템 품질 유지·보수, 시스템 감리, 데이터 담당자, 분석가, 프로그램 개발자 등을 고려한 세부 직렬을 신설해 인재를 공급할 방안도 함께 검토해야 한다. 그래야 시스템에서 어떤 데이터를 생성해 표준화하고 학습시킬 수 있는지, 그리고 국민 안전 체감도와 관련한 성과 목표 달성을 통해 시스템 구축 이전과 이후가 어떻게 달라지는지를 학습할 수 있게 된다.

인파관리와 관련한 매뉴얼을 작성한다고 가정해 보자. 현재 기초자치단체와 재난관리 책임기관의 담당자가 숙지하고 감당해야 할 매뉴얼이 위기관리 표준 매뉴얼, 위기 대응 실무 매뉴얼, 현장 조치 행동 매뉴얼까지 2만여 종이 될 것으로 추산된다. 여기에 인파관리 매뉴얼이 추가되는 것이다. 각 TF 회의가 종료되면 부처에서 수립한 복수의 방안이 하향식으로 지자체로 내려올 것이다. 지자체 담당 공무원 한 명이 계획 수립부터 보고까지 대응 문건 작성으로 힘든 시간을 보낼 것이다.

담당자가 매뉴얼을 작성하기 위해 얼마나 많은 시간을 투입할 수 있을까. 엄청난 사회적 압력과 조직의 비난에서 벗어나기 위해 담당자는 예산을 빨리 확보해 수의계약이 가능한 업체를 발굴하는 것이 손쉬운 길일 것이다. 때로는 매뉴얼에 담지 못하는 초불확실성에 대응하기 위한 상황 판단력과 리더십 교육·훈련·평가를 지속적으로 수행하는 것이 중요하지 않을까. 이렇듯 학습은 학습 주체의 현실과 어려움을 이해하는 것이 선행돼야 한다.

노무현 정부는 재난관리 시스템과 매뉴얼을 처음 제시했다. 그러나 이

명박 정부가 들어서면서 이 시스템과 매뉴얼이 사라졌다. 박근혜 정부는 안전행정부로 명칭과 조직을 변경해 학습의 연속성을 힘들게 했다. 특히 세월호 참사 이후 사회공동체에서 어렵게 학습한 결과물인 국민안전처는 문재인 정부가 도로 행정안전부로 환원시켰다. 재난 학습이 초기화된 것이다. 윤석열 정부는 효율성을 잣대로 실제 회의를 개최하지 않았다는 이유로 중앙안전관리위원회와 재해경감대책협의회를 폐지하겠다고 발표했다. 우리 공동체가 암묵적으로 동의하고 무관심했던 학습의 폐기가 반복되고 있는 것이다.

근본 원인을 찾아내고 제도를 개선하기 위한 사고 조사보다 수사를 통해 전방위적으로 실무자에게 비난을 돌리면 재난 상황에서 우왕좌왕하고 복지부동하는 행정으로 귀결될 수밖에 없다. 인력 양성, 자격증 신설, 연구개발(R&D) 투자 등에 대한 적절한 평가나 분석 없이 정책을 흉내 내거나 복사하는 미신 같은 학습은 계속될 것이다.

국가안전 시스템이 작동하지 않은 근본 문제에 대해 누가 무엇을 어떻게 학습하는지를 오랜 시간을 들여 집요하게 질문하고 답해야 한다. 재난 학습은 안전 패러다임 대전환의 시작이기 때문이다.

# 4

# 이태원 참사 이후, 되새겨야 할 교훈*

10.29. Disaster

　대형 인명사고로 기록된 이태원 참사는 해마다 어방축제, 국제가요제, 불꽃축제, 게임전시회, 부산국제영화제 등 크고 작은 지역축제를 통해 부가가치를 창출하는 부산시에 시사하는 바가 크다. 이번 참사에서 노출되고 확인한 재난관리 실패에 대한 교훈은 한시적인 것이 아니기에 깊이 되새겨야 한다.

　첫째, 실시간으로 이상 징후를 파악할 수 있어야 한다. 통신회사 빅데이터 센터나 기지국의 접속량을 파악한다면, 인파관리에 필요한 이상 징후를 탐색할 수 있다. 이를 기초-광역 지자체-행안부 등 재난상황실로 연계하는 것이 필요하다. 또한 민간이 관리하는 지하공동구와 댐 등 고정시설물의 경우는 사물인터넷(IoT)에 의한 이상 징후 신고 및 공동 모니터링 체계를 검토하는 논의가 진행돼야 한다. 이상 징후 식별이 되지 않으면 골든타임 사수(死守)가 진행되지 않을 수 있다.

　둘째, 화재·구조·구급 등 사회재난은 119로, 치안 및 범죄 등은 112

---

* 부산일보, 2022.12.01.
　https://www.busan.com/view/busan/view.php?code=20221127143213318822

로, 일반민원은 110 등으로 신고가 접수된다. 단일 사고나 긴급 상황이 발생하면 각 채널별로 신고 접수의 경험 있는 사람들이 대응이 가능하다. 하지만, 대규모 재난이 발생할 우려가 있거나 발생한 경우는 개인 경험칙에 근거해서 판단이 쉽지 않을 수 있다. 따라서 모든 재난 유형에 대한 신고 접수 담당자의 긴급 상황 인지력 및 판단력을 강화하기 위해 핵심 역량 체계(교육-훈련-평가-환류)를 개발하는 것이 중요하다. 또한 적극행정으로 지자체와 행안부에 상황판단회의나 상황 판단을 요청하는 방안도 검토해야 한다.

셋째, 재난 대응 자원의 출동 지령 및 출동 문제다. 소방은 시·도별 재난 규모에 따라 대응 1~3단계와 전국 단위 지령인 동원령 1~3단계로 접근하고 있다. 반면에 경찰은 치안과 범죄 등급에 따라 출동한다. 대규모 재난 발생 시 지령 및 출동 단계를 통합하는 논의가 필요하다. 재난이 복잡·대형화되고 있기에 초기 대응 핵심 주체인 소방·경찰·해경·군 간의 가칭 '통합재난대응 조정회의'를 상시화해서 동원령과 비상 대비 동원자원을 점검하고 개선해야 한다.

넷째, 대규모 재난사고 신고 정보를 경찰과 소방 등에 자동으로 공유하는 것 외에도 지자체 및 행안부 상황실에서 전문가와 협업해 집단 상황 판단과 상황 판단 회의를 연계할 수 있는 스마트 협업 체계를 정립해야 한다.

다섯째, 최고 현장지휘관의 부재와 재난안전통신망에서 초기 대응조직 간의 소통의 어려움이다. 재난사고 현장에서는 소방(UHF)과 경찰(VHF와 TRS 등)은 각기 다른 주파수 및 무전기 사용으로 혼선이나 마찰이 생길 수 있다. 이런 문제로 인해 공동으로 출동하는 초기 대응조직은 PS-LTE

로 사용할 수 있도록 하고 있다. 하지만 여전히 상호 통신 미흡 등 제대로 활용하지 못한 사례가 발견되고 있다. 재난안전통신망 무용지물에 대한 근본 원인을 현장 사용자의 눈높이에서 분석해야만 개선할 수 있다. 재난사고 피해 범위가 기초 지자체 두 곳 이상 행정 경계를 초월하거나 광역 수준에 미치는 것을 대비해 지역 내 '최고 현장지휘관'이 통합 현장지휘 체계를 운영할 수 있는 준비가 필요하다. 현장 경험과 이력, 그리고 실적을 통해서만 승진할 수 있는 성과관리 체계를 수립함으로써 행정지휘관이 아닌 최고 현장지휘관을 확보할 수 있어야 한다.

마지막으로 데이터 및 분석 책임자와 분석 조직이 필요하다. 상황실의 책임자는 데이터 및 분석에 대한 최고책임자다. 평상시에는 바쁜 일정의 선출직·정무직 공무원을 신속하게 지원하기 위해 민원 데이터를 파악해 사전 예측행정 서비스에 대한 권고를 할 수 있어야 한다. 비상시에는 시간·장소·상황에 대한 상황 판단 정보를 제공해 지자체가 재난사태 선포 요청과 공동자원을 투입할 수 있게 된다. 따라서 빅데이터 솔루션과 시스템을 운용하고, 다양한 데이터를 수집 및 분석할 수 있는 전문화된 조직도 필요하다.

지역 공동체가 우리의 경우가 아니라고 지나친다면, 용산구와 서울시에서 경험하고 있는 재난관리의 '과거와 현재'가 언제든 '가까운 미래'가 될 수 있다.

# 5

# 공직문화에서 사전에 예측하는 행정이 익숙한가?

10.29. Disaster

## 1) 국정조사 결과

### (1) 문제점

이태원 참사와 관련해 가장 크게 지적받았던 부분 중의 하나는 인파가 운집할 것을 인식하고 있었음에도 그에 대해 아무런 대비를 하지 않았던 부분[01]이다.

이에 따라 1차적인 관할 재난관리책임기관인 용산구청에서는 아무런 대비 없이 구청장은 참사 당일에 의령에 있었으며,[02] 안전재난과장은 오후 3시부터 음주를 해서 참사 다음 날에 출근[03]하는 등 자리를 비우고 있었다. 그 밖의 다른 정부 부처와 기관들 또한 참사의 발생을 방지하기 위한 아무런 사전 조치를 취하고 있지 않았다.

이와 관련해 국정조사에서는 이태원 참사의 경우는 해당 규정의 사

---

[01] 국회 용산 이태원 참사 진상 규명과 재발 방지를 위한 국정조사 특별위원회, 용산 이태원 참사 진상 규명과 재발 방지를 위한 국정조사 보고서(이하 '국정조사 보고서'), 2023. 1. 602면 이하.
[02] 국정조사 보고서, 413면.
[03] 국정조사 보고서, 418면.

각지대에 있었기 때문에 용산구가 소방, 경찰 등과 미리 협조 체계를 구축하지 못했다는 지적과 국가와 지방자치단체는「재난 및 안전관리 기본법」및「국가위기관리기본지침」등에 따라 재난 대응계획 수립 의무, 위기 징후 평가·감시 의무 등이 있으므로, 주최자가 없는 행사에 대해서도 지방자치단체의 장이 사전에 예방 조치를 할 필요가 있다는 지적[04]이 있었다.

### (2) 재발 방지를 위한 대책

국정조사 결과, 다중밀집 인파사고에 대한 대책으로 첫째, ① '다중밀집 인파사고'를 사회재난의 예시로 명시적으로 규정하고, ② 현행 법령상 별도의 주최자가 없는 행사의 경우에도 해당 지방자치단체의 장으로 하여금 안전관리계획을 수립하게 하며, ③ 주최자 유무를 불문하고 다중운집 상황에 대비한 인파 안전관리 매뉴얼을 정립하도록 하는 등의 방안[05]이 제시됐다.

둘째, 재난 징후 감시와 평가를 통해 사전 예방 및 대비를 함으로써, 사고 발생 이후 대응 위주가 아닌 재발 방지에 초점을 둔 재난관리 체계로 나아갈 필요가 있음을 바탕으로, '지역 단위에서의 재난 위험성 평가 제도' 도입과 관련해, 현재 재난안전법에 따라 구성돼 있는 안전관리위원회를 재난위험성 평가에 활용하는 방안을 고려해 볼 수 있다는 방안[06]도 제시됐다.

---

[04] 국정조사 보고서, 604면; 이러한 지적은 국정조사 보고서, 704면 이하의 전문가 의견 등을 비롯해 여러 차례 반복되고 있다.
[05] 국정조사 보고서, 638, 639면.
[06] 국정조사 보고서, 827면.

(3) 전문가 의견

실질적인 통합형 재난관리 체계를 구축하고, 현재「재난 및 안전관리 기본법」에 따른 안전관리기본계획은 국가안전관리기본계획 → (하달) 시·도안전관리기본계획 → (하달) 시·군·구안전관리기본계획의 순서로 수립되는 하향(top-down) 방식인데, 이를 개정해 시·군·구안전관리기본계획 내에서 지역 단위 재난위험성 평가제도를 상향(bottom-up) 방식으로 포섭하자는 견해[07]가 제시됐다.

재난 예방활동에서 과학기술적 접근이 부족하며 대응·수습에만 급급해 중·장기적인 예방·대비가 이뤄지고 있지 않다는 점을 지적하며, ① 현재의 대응·수습 중심에서 예방·대비 중심 재난안전관리 체계 구축, ② 중복·유사사고 방지 대책 마련과 과학기술 기반의 실효적 재난안전관리 대책 구현, ③ 재난 조사 및 평가·환류 체계 강화 및 신성장 동력으로서의 안전산업 육성을 통해 사후 수습 중심 체계에서 사전 대비 체계로 전환해야 한다는 견해[08]가 제시됐다.

또한 흩어진 부처·지방자치단체·공공기관 등 관련 데이터를 파악하고 통합해, 빅데이터와 지리정보체계(GIS) 기반의 각종 상황정보를 취합해서 재난관리 단계별로 상황 및 예측분석 결과를 실시간으로 부처·지방자치단체·국민들에게 재난안전정보를 공유하고 전파하자는 견해[09]도 재난관리책임기관들의 예측 역량을 강화하자는 의미로 이해될 수 있을 것이다.

---

07 국정조사 보고서, 699면. 나아가 지역사회의 재난 예방 및 대비에 대해 관련 기관들의 협의체(multi-agency platform) 역할을 수행하는 '지역안전관리위원회'를 실질적으로 운영해야 한다고 하며, 이는 지방자치단체 단체장들의 재난관리에 대한 이해도 향상의 필요와 지역사회 위험성 평가제도와 연계가 가능하다는 점에 기인한다고 한다.
08 국정조사 보고서, 762, 763면.
09 국정조사 보고서, 699면.

## 2) 예측 중심의 재난관리

### (1) 관련 법령 체계의 검토

「재난 및 안전관리 기본법」에서는 재난의 예방을 재난관리의 단계에 포함시키고 있다(같은 법 제3조 제3호). 이러한 재난의 예방은 어떠한 재난이 발생할 것인지에 대한 예측을 바탕으로 그에 대비한 조직의 구성 및 정비 등과 같은 다양한 조치를 통해 이뤄진다. 따라서 재난관리책임기관으로서는 자신들의 관할 범위 내에 어떠한 재난이 발생할 것인지를 예측하는 것이 재난관리의 첫 번째 단계가 된다.

그러나, 현재 「재난 및 안전관리 기본법」에서는 재난의 예측에 대한 특별한 규정은 존재하지 않으며, 재난관리책임기관들은 국가안전관리기본계획(재난 및 안전관리 기본법 제22조)에 따라 집행계획 또는 세부집행계획을 작성하거나, 시·도 또는 시·군·구 안전관리계획을 수립하게 된다. 나아가 재난관리주관기관이 작성하는 위기관리 표준 매뉴얼에 따라 현장조치 행동 매뉴얼을 작성하게 된다(재난 및 안전관리 기본법 제34조의5).

이러한 현재의 체계에서는 재난관리책임기관이 독자적으로 자신들의 관할 업무 범위 내에서 어떠한 재난이 발생할 것인지에 대해 적극적으로 분석하는 것이 아니라, 국가안전관리기본계획이나 위기관리 표준 매뉴얼에서 규정하고 있는 재난 상황에 대한 세부적인 실행계획의 수립에 몰두하기 쉽다는 문제점이 발생할 수 있다.

특히 특정한 유형의 재난을 열거해 작성된 재난 분야 위기관리 매뉴얼의 경우에는 그에 해당되는 재난에 대해서는 징후의 분석을 통한 위기경보의 발령 단계에서부터 유용하게 사용될 수 있을 것이지만, 이태원 참사와 같이 직접 관련되는 매뉴얼이 존재하지 않는 경우에는 오히려 재난관리책임기관의 업무에 공백을 가져올 우려가 있다.

(2) 개선 방안

재난관리책임기관이 예측에 기반한 재난 예방을 할 수 있도록 하기 위해서는 각 재난관리책임기관으로 하여금 독자적으로 위험 요인을 파악하고, 그에 대한 취약성과 영향을 분석하도록 하는 미국의 위험평가(risk assessment)를 적극적으로 활용할 필요가 있다.

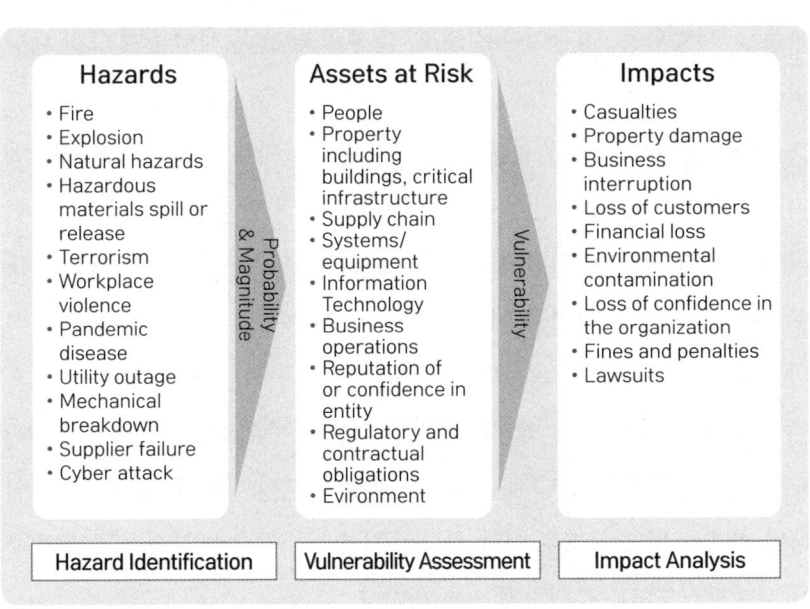

[그림 1] 미국의 위험평가 개요[10]

---

[10] https://www.ready.gov/risk-assessment

미국의 위험평가는 위험(hazard) 요인의 파악, 취약성(vulnerablity)의 분석, 그리고 피해 영향(impact)의 분석으로 이뤄진다.

첫째, 위험 요인은 화재, 폭발, 테러, 자연재해, 대규모 감염병의 유형과 같이 재난을 일으킬 수 있는 원인을 의미하며, 해당 지역사회 또는 정부 부처들은 이러한 위험 요인을 파악함으로써 자신들의 관할 범위 내에서 어떠한 원인으로 재난이 발생할 수 있는지, 그 가능성이 어느 정도이며 규모가 어느 정도인지를 예측한다.

둘째, 재난에 의해 피해를 입을 수 있는 부문의 분석은 취약성 분석의 단계에서 이뤄지며 지역사회의 주민, 건물 및 주요 기반시설과 같은 부동산, 기업활동, 평판이나 신뢰도, 환경 등과 같은 사항들이 그의 대상이 된다.

셋째, 앞에서 파악한 위험 요인들이 재난에 의해 피해를 받을 대상에 어떠한 영향을 미칠 것인지는 피해 영향 분석의 단계에서 이뤄진다. 즉, 사상자가 몇 명일지. 자산의 피해가 어느 정도일지, 신뢰도가 어느 정도로 감소될 것인지, 환경을 어느 정도로 오염시킬 것인지 등에 대한 분석이 이뤄진다.

이러한 과정을 통해 재난관리에 임하는 각 주체(지방자치단체, 공공기관 등)는 자신들의 관할권 내에서 어떠한 유형의 재난이 발생해 누구에게 어떠한 피해를 어느 정도로 입힐 수 있는지를 독자적으로 분석하고 그에 따른 재난관리계획을 수립하게 되는 것이다.

위와 같은 점에서 볼 때, 국정조사에서 제시됐던 지역 단위 재난위험성 평가를 상향 방식으로 포함시키자는 견해와 특히 "(가칭) 신종재난 위험 요소 발굴센터를 신설해 지방자치단체, 전문가 등이 참여해 위험 요소를 상시 발굴·평가 및 관리"하도록 하겠다는 행정안전부의 방안[11]은 실효성 있는 해결 방안이 될 수 있을 것이다.

다만, 「재난 및 안전관리 기본법」은 통합적 접근 방식을 취하고 있다고 볼 여지도 있으나, 현재의 재난 분야 위기관리 매뉴얼(같은 법 제34조의5)은 재난의 발생 원인에 따른 유형별 재난관리의 체계를 규정하고 있어 재난관리책임기관들이 재난을 관리하는 데에 경직성을 가져와 적극적으로 새로운 유형의 재난에 대해 예측하고 대책을 마련하기에는 어려움이 있을 것으로 여겨진다. 따라서 장기적으로는 현재의 재난 발생 원인에 따른 매뉴얼 체계를 재난에 대한 대응 유형에 따른 매뉴얼 체계로 변경하는 등의 방법을 통해 재난관리책임기관이 적극적으로 독자적인 위험분석을 바탕으로 좀 더 망라적인 재난관리 체계를 마련하도록 하는 방안을 검토할 필요도 있다고 할 것이다.

---

11 행정안전부, 2023년 행정안전부 정책 방향 업무보고(이하 '업무보고'), 4면.

## 6

# 선출직 및 정무직 공무원은 재난 상황에 취약하다?

10.29. Disaster

## 1) 국정조사 결과

### (1) 문제점

국정조사 보고서에서는 선출직 및 정무직 공무원의 재난취약성을 직접적으로 지적하지는 않고 있다. 다만, 지방자치단체장에 대한 교육의 필요성이 제기[01]되기도 했고, 특히 용산구청의 경우에는 구청장에 대한 연락 자체가 이뤄지지 않았고,[02] 구청의 안전재난과장은 참사 당일 3시부터 음주해 그다음 날에나 출근하는 등[03] 지역재난안전대책본부로서의 기능을 거의 발휘하지 못했다는 점을 유의해야 할 것이다.

### (2) 재발 방지를 위한 대책

국정조사 결과, 상황실 근무자의 역량 강화를 위해 재난 유형별 상황

---

[01] 국정조사 보고서, 468면.
[02] 용산구청장에게 직접 보고가 이뤄지지 않아 구청장은 10시 51분이 돼서야 주민의 신고를 통해서 참사의 발생을 인식했다. 국정조사 보고서, 421면.
[03] 국정조사 보고서, 418면.

관리 프로그램 개발·교육, AI 기반 신고 접수·분석 시스템 구축, 112와 119의 통합 운영 방안 등의 검토와 같은 방안[04]이 제시됐다.

또한 재난에 대비하기 위한 교육·훈련이 부족해 효과적인 대응이 어려웠다는 지적이 다수 제기됐다는 점에 기인해 평시 실질적인 재난 대비 훈련·교육을 강화할 필요성이 제기됐다. 구체적으로는 지역재난안전대책본부에 경찰·소방 등 현장 대응기관이 참여해 상황을 공유하고, 연 2회 이상 대규모 합동 훈련을 실시하는 방안을 마련할 필요가 있으며, 특히 교육과정 개설 등을 통해 지방자치단체의 장을 대상으로 재난관리 과정 교육을 이수하도록 하고 이수 여부를 공개하도록 함으로써 지방자치단체의 장의 재난 관련 이해도를 제고하는 방안[05]을 고려할 수 있다고 했다.

그 밖에 재난 상황임을 일차적으로 판단해야 하는 재난안전상황실의 운영과 관련해 근무환경 개선, 방재직 공무원의 인력 확충을 비롯한 재난 안전 관련 전문인력의 양성이 필요하다는 방안[06]이 제기됐다.

### (3) 전문가 의견

중앙, 지방의 대부분에 재난관리 전담조직이 설치되지 않고 있으며, 전담조직이 설치된 경우에도 대부분의 직원이 선호하지 않는 기피 부서로서 조직의 활력과 적극적·창의적 행정을 기대하기 어려운 실정이라는 점을 지적하는 견해[07]가 제기됐다. 따라서 재난관리 업무에 대한 장기근

---

04 국정조사 보고서, 640, 641면.
05 국정조사 보고서, 644, 645면.
06 이 또한 선출직 및 정무직 공무원의 재난취약성을 보완하기 위한 방안의 하나가 될 것이다. 국정조사 보고서, 645면.
07 특히 주무부처인 행정안전부 재난안전본부의 방재안전직이 10% 미만에 불과하는 등 대부분의 중앙부처

속 및 전문화를 통한 창의성과 적극성이 발휘될 수 있는 조직구조로의 전환과 재난관리 전문인력의 수요와 공급에 대한 생태 기반의 조성이 필요하다는 것[08]이다.

## 2) 선출직 및 정무직 공무원의 재난취약성

### (1) 관련 법령 체계의 검토

「재난 및 안전관리 기본법」에서는 재난관리책임기관에서 재난 및 안전관리 업무를 담당하는 공무원이나 직원에 대한 교육을 규정(같은 법 제29조의 2)하고 있으며, 구체적으로 관리자 전문교육은 ① 재난관리책임기관에서 재난 및 안전관리 업무를 담당하는 부서의 장, ② 시·군·구의 부단체장, ③ 법 제75조의2(안전책임관)에 따른 안전책임관을 대상으로 이뤄진다(같은 법 시행령 제6조의2).

즉, 국정조사에서 지적됐던 것과 같이 재난관리책임기관의 장에 대한 재난 및 안전관리에 대한 일반적인 교육 등은 규정이 돼 있지 않다. 따라서 재난관리책임기관의 장이 교육 등을 통해 충분한 사전 지식을 갖추지 못한 상태에서 재난과 같은 급박한 상황이 발생한다면 신속한 의사결정을 내리지 못할 우려가 있다.

---

와 지방자치단체, 공기업의 대부분이 재난안전 전문인력에 대한 정원을 확보하지 못하고 있음을 지적하고 있다. 국정조사 보고서, 710면.
08 국정조사 보고서, 711, 762면 등.

### (2) 개선 방안

「재난 및 안전관리 기본법」에서는 재난 및 안전관리 담당자들에 대한 교육에 대해서는 어느 정도 규율을 하고 있어 그 자체로는 특별한 문제가 없다고 여겨진다. 다만 국정조사에서 지적된 것처럼 지방자치단체장을 비롯한 재난관리책임기관의 장에 대해서는 별도의 교육 등을 규정하지 않고 있어서[09] 재난 및 안전관리 담당자들의 보조가 더욱 중요한 의미를 가지게 된다.

미국의 경우에는 지역의 「정무직 및 선출직 공무원에 대한 지침(Local Elected and Appointed Officials Guide)」에서 재난 및 안전관리 담당자들과의 협력을 통해 재난관리에 대한 지역사회의 필요를 좀 더 잘 이해하고 정보에 기초한 의사결정을 내릴 수 있음을 밝혀 재난 및 안전관리 담당자들의 중요성을 강조하고 있다.[10]

그러나 우리나라에서는 재난 및 안전관리 담당자들에 대한 교육과는 별개로, 방재직 공무원들을 비롯한 담당자들의 전문성의 확보가 미흡한 부분이 있다. 이러한 점은 이전부터 지적돼 왔었으며, 이태원 참사에 대한 국정조사의 과정에서나 전문가들의 의견을 통해서도 충분히 밝혀져 있다고 할 것이다.

따라서 재난관리책임기관의 장으로 하여금 적시에 적절한 판단을 내릴 수 있도록 보좌하고 재난 및 안전관리의 실무를 처리하는 담당자들의 전문성을 확보하기 위한 좀 더 종합적인 인사정책의 수립을 검토할 필요

---

[09] 다만, 행정안전부는 앞으로 지방자치단체장들도 재난안전교육을 필수적으로 이수하도록 할 것임을 밝히고 있다(행정안전부, 업무보고, 4면).

[10] FEMA, *Local Elected and Appointed Officials Guide : Roles and Resources in Emergency Management*, 2022, p. 1.

가 있으며, 나아가 안전관리민관협력위원회(재난 및 안전관리 기본법 제12조의2)와 같은 정무직 및 선출직 공무원들에 대한 자문기구를 더욱 활성화할 필요도 있다고 할 것이다.

# 재난 및 안전관리 업무와 지방자치단체 업무 경계의 모호성

10.29. Disaster

## 1) 국정조사 결과

### (1) 문제점

이태원 참사는 예측은 했지만 다중인파관리에 대한 안전 대책을 수립하지 않아 발생한 것이라는 점에서 서울특별시를 비롯한 관련 지방자치단체들의 책임이 지적됐으나,[01] 이에 대해서는 광역지방자치단체와 기초지방자치단체의 책무가 구분되는 부분이라는 진술[02] 등이 제기됐다.

이는 질서 유지에 지방자치단체가 어느 정도의 역할을 수행해야 하는지의 여부에 대한 것이라고 할 수 있을 것이며, 나아가 안전관리와 재난관리의 경계 설정에 대한 부분이라고도 할 수 있을 것이다.

### (2) 재발 방지를 위한 대책

다중인파 행사에 관한 업무는 법률상으로는 자치경찰의 업무이나 지

---
[01] 국정조사 보고서, 604면.
[02] 국정조사 보고서, 81면.

방자치단체-자치경찰 간의 경계가 모호하므로, 장기적으로 자치경찰 제도의 개선을 통해 업무의 경계를 명확히 하는 방안을 고려할 필요가 있다는 점[03]이 지적됐다.

### (3) 전문가 의견

이와 관련해서는 안전관리와 재난관리의 업무를 구분해야 한다는 전제[04]하에 재난관리의 영역이 광범위하므로 현행법상 재난 발생 시 관할권 주체의 결정이 어렵고 재난 관리사무가 자치사무가 제한적으로 제시되고 있어 예방과 초기 대응에 한계가 있다는 점을 지적해 재난관리사무를 지방자치사무로 통합할 필요가 있다는 의견[05]이 제기됐다.

## 2) 지방자치단체 업무의 구분

### (1) 관련 법령 체계의 검토

「재난 및 안전관리 기본법」에서는 지방자치단체에 대해 시·도의 안전관리계획에 따른 시·군·구의 안전관리계획을 수립하도록 하는 등의 사항을 규정(같은 법 제24조, 제25조)하고 있지만 일반적인 재난관리에 대해서는 광역지방자치단체와 기초지방자치단체의 업무를 명확히 규정하고 있지는 않다. 다만 재난이 발생한 경우, 「재난 및 안전관리 기본법」 제39조부터 제45조까지의 응급조치는 원칙적으로 기초지방자치단체가 시행하지만, ① 관할 구역에서 인명 또는 재산의 피해 정도가 매우 크고 그 영향이

---

03 국정조사 보고서, 645면.
04 국정조사 보고서, 823면.
05 국정조사 보고서, 826면.

광범위하거나 광범위할 것으로 예상되어 광역지방자치단체의 장이 응급조치가 필요하다고 인정하는 재난 또는 ② 둘 이상의 기초지방자치단체에 걸쳐 재난이 발생하거나 발생할 우려가 있다고 인정되는 재난의 경우에는 광역지방자치단체가 응급조치를 취할 수 있다고 규정(같은 법 제46조 제1항 및 같은 법 시행령 제53조)함으로써 기초지방자치단체가 일차적인 재난 대응에 대한 책무를 부담하며, 광역지방자치단체는 보충적인 재난 대응에 대한 책무를 부담하도록 하고 있다.

즉, 이태원 참사와 같은 경우에는 인명 또는 재산의 피해 정도가 매우 크고 그 영향이 광범위할 것으로 예상돼 광역지방자치단체인 서울특별시가 「재난 및 안전관리 기본법」에 따른 응급조치를 취할 수 있었을 것으로 해석될 여지가 있다. 그러나 이러한 응급조치는 동원명령(같은 법 제39조), 대피명령(같은 법 제40조), 위험구역의 설정(같은 법 제41조), 강제대피조치(같은 법 제42조), 통행 제한(같은 법 제43조), 응원(같은 법 제44조)으로 한정적이며, 기본권에 대한 상당한 제한의 여지가 있어 직접적으로 적용할 수 있는 매뉴얼(같은 법 제34조의5)이 없는 상태에서 지방자치단체의 일반적인 책무(같은 법 제4조 제1항)만을 바탕으로 적극적으로 조치를 취하기에는 해석상 어려움이 있을 것으로 생각된다.[06]

또한 「국가경찰과 자치경찰의 조직 및 운영에 관한 법률」 제4조 제2호에서는 '지역 내 다중운집 행사 관련 혼잡 교통 및 안전관리에 관한 사무'를 자치경찰의 사무로 규정하고 있어 이태원 참사와 같은 경우에 사전적인 대책 마련의 주체를 판단하는 데에 혼란이 발생할 여지도 있다.

---

06 또한 뒤에서 보는 것처럼 「재난 및 안전관리 기본법」 제36조에 의한 재난사태가 선포되지 않은 경우에도 지방자치단체의 장이 임의적으로 응급조치를 취할 수 있는 것인지에 대해서도 해석상 어려움이 있다.

### (2) 지방자치단체 업무의 명확화

「재난 및 안전관리 기본법」에 따라 지방자치단체는 재난이 발생할 위험이 높은 분야에 대한 안전관리 체계를 구축해야 하고(같은 법 제25조의2), 재난이 발생할 위험이 높은 지역 등을 특정관리대상지역(같은 법 제27조)으로 지정할 수 있지만, 이러한 일반적인 예방 조치는 새로운 유형의 재난에 대해서는 큰 의미가 없음을 이번의 이태원 참사가 보여 줬다고 할 수 있다.

국정조사의 결과 지적됐던 것처럼 자치경찰 사무와 지방자치단체 사무의 경계를 명확히 할 필요성을 적극적으로 검토해야 할 것이며, 무엇보다 지방자치단체가 재난의 예방을 위해 다양한 관점에서 적극적으로 안전관리 체계를 구축할 수 있도록 하며, 발령 요건과 내용이 엄격하게 제한되는 응급조치(재난 및 안전관리 기본법 제39조부터 제45조까지)와는 달리 좀 더 유연한 예방 또는 경감 조치를 취할 수 있도록 하는 방안도 검토할 필요가 있다고 여겨진다.

또한 「재난 및 안전관리 기본법」의 규정에도 불구하고, 「지방자치법」에서는 재난관리에 해당하는 '감염병과 그 밖의 질병의 예방과 방역', '가축전염병 예방', '재해 대책의 수립 및 집행', '지역의 화재 예방·경계·진압·조사 및 구조·구급'을 지방자치단체의 사무로 예시하고 있어(지방자치법 제13조 제2항) 양 법의 사이에서 해석상 혼란[07]이 발생할 여지가 있다. 따라서 「지방자치법」에서 규정하고 있는 재난관리와 관련된 지방자치단체 사무의 범위를 「재난 및 안전관리 기본법」의 체계에 맞춰 정비할 필요도 있다.

---

07 예를 들어, '지역의 화재 예방·경계·진압·조사 및 구조·구급'을 지방자치단체의 사무로 규정하고 있는 것은 지방자치단체가 화재 발생 시 구조·구급을 해야 한다는 것으로 해석될 여지가 있으며, 이는 「재난 및 안전관리 기본법」에 의한 긴급구조통제단의 현장지휘(같은 법 제52조)와 충돌할 우려가 있다.

# 8

# 지방자치단체의 재난사태 선포 권한

10.29. Disaster

## 1) 국정조사 결과

### (1) 문제점
국정조사의 과정에서는 지방자치단체를 비롯한 관련 기관들의 예측 및 대비의 미흡을 주로 문제 삼았으며, 지방자치단체의 재난사태 선포 권한과 관련해 특별한 문제점이 지적되지는 않았던 것으로 보인다.

### (2) 재발 방지 대책
국정조사의 과정에서는 지방자치단체의 재난사태 선포 권한을 위한 특별한 대책이 제시되지는 않았던 것으로 보인다.

### (3) 전문가 의견
지방자치단체의 재난 대응 역량이 취약하다는 점에 기인해 「재난 및 안전관리 기본법」 제36조(재난사태 선포), 제38조(위기경보의 발령 등)에 의한 재난사태 선포와 위기경보의 발령 등에 대한 권한을 지방자치단체에 부여하자는 견해[01]가 제기됐다. 이러한 견해는 지역적으로 발생하는 재난과 같은 경우에도 행정안전부 장관이 재난사태를 선포하도록 하는 것은 시간적으로 불필요한 지연을 발생시킬 수 있으며, 지역재난안전대책본부의 상황판단회의를 유명무실하게 만들 수 있다는 지적[02]과 그 맥락을 같이하는 것이다.

## 2) 재난사태 선포 권한의 확대

### (1) 관련 법령 체계의 검토

「재난 및 안전관리 기본법」에서는 재난 중 극심한 인명 또는 재산의 피해가 발생하거나 발생할 것으로 예상돼 시·도지사가 중앙재난안전대책본부장에게 재난사태의 선포를 건의하거나 중앙재난안전대책본부장이 재난사태의 선포가 필요하다고 인정하는 재난(「노동조합 및 노동관계조정법」 제4장에 따른 쟁의행위로 인한 국가 핵심 기반의 일시 정지는 제외한다)이 발생하거나 발생할 우려가 있는 경우 사람의 생명·신체 및 재산에 미치는 중대한 영향이나 피해를 줄이기 위해 긴급한 조치가 필요하다고 인정하면 중앙위원회의 심의를 거쳐 재난사태를 선포할 수 있도록 규정(같은 법 제36조 제1항 및 같은 법 시행령 제44조)하고 있다. 나아가 「재난 및 안전관리 기본법」에서 규정하고 있는 일련의 응급조치는 '재난이 발생하거나 발생할 우려가 있는 경우'를 그 요건으로 하고 있어 각 조문의 개별적인 해석으로는 재난사태의 선포가 되지 않은 경우에도 응급조치를 취할 수 있는 것으

---

01 국정조사 보고서, 710면.
02 국정조사 보고서, 826면.

로 해석될 여지가 있지만 같은 법 제36조 제3항에서 재난사태가 선포된 지역에 대해 「재난 및 안전관리 기본법」에 따른 응급조치를 취할 수 있도록 규정하고 있어, 지방자치단체는 재난이 발생할 우려가 있더라도 행정안전부 장관이 재난사태를 선포할 때까지는 하지 응급조치를 취할 수 없다고 해석된다.

이러한 「재난 및 안전관리 기본법」의 규정은 지역적으로 발생한 재난에 대해 행정안전부 장관의 재난사태의 선포를 필요로 하는 경우에는 시간적 지연을 발생시켜 신속한 대응에 어려움을 야기할 수 있는 등의 문제가 있음은 국정조사에서 전문가의 의견으로 지적된 것과 같다.

(2) 개선 방안

「재난 및 안전관리 기본법」에 의한 재난사태가 선포되지 않은 경우에, 지방자치단체가 「재난 및 안전관리 기본법」에 규정된 응급조치를 취할 수 있는 것인지의 여부가 명확하지 않은 상태에서 지방자치단체가 재난의 수습을 총괄·조정하기 위해 시행할 수 있는 조치는 매우 한정적이 될 수 있음을 고려해야 할 것이다. 즉, 지방자치단체의 지역재난안전대책본부는 해당 관할 구역에서 재난의 수습 등에 관한 사항을 총괄·조정하고 필요한 조치를 할 수 있다고 규정(재난 및 안전관리 기본법 제16조 제1항)돼 있으나, 응급조치를 제외하고 구체적으로 어떠한 조치를 취할 수 있는지에 대해서 「재난 및 안전관리 기본법」에서는 재난관리책임기관의 장에게 행정 및 재정상의 조치나 그 밖에 필요한 업무 협조, 소속 직원의 파견 요청을 할 수 있다고 규정(같은 법 제17조 제1항 및 제2항)하고 있을 따름이다.

이에 따라 지역재난안전대책본부의 주된 역할은 재난의 수습을 총괄·

지원하기 위해 업무 협조를 요청하는 등의 방법으로 유관 기관의 업무를 조정하는 것이 될 것인데, 그러한 업무 조정의 경우에도 긴급구조지원기관의 장에 대한 지원 요청은 긴급구조통제단장이 하도록 규정(재난 및 안전관리 기본법 제51조 제2항)돼 있으며, 치안활동과 관련된 현장지휘 또한 긴급구조통제단장이 관할 경찰관서의 장과 협의하도록 규정(같은 법 제52조 제1항 단서)돼 있는 등 재난사태가 선포되지 않은 경우 지역재난안전대책본부의 역할은 상당히 한정적이 된다고 해석될 수 있다.

따라서 지역재난안전대책본부가 재난에 대해 좀 더 적극적으로 대응할 수 있도록 하기 위해서는 지방자치단체가 자신의 관할 구역 내의 재난에 대해서는 재난사태를 선포할 수 있도록 하는 것이 바람직하다고 할 것이며, 행정안전부 또한 지방자치단체장에게 재난사태 선포 권한을 부여하도록 할 것[03]임을 밝히고 있다.

미국의 경우에는 지역, 주, 연방의 순서로 재난사태가 선포되도록 규정하고 있으며, 예를 들어 지역 차원에서는 ① 대응 및 복구활동의 수행을 위한 가용 정부자원을 확충하고, 인력을 재배치하며, 지역 관청 및 계약자의 기능을 변경하기 위한 경우, ② 식품 및 임시주거와 같은 필수적인 재화 및 서비스를 확보하기 위한 경우, ③ 실내 대피, 대피, 통행 금지 등을 시작하기 위한 경우, 그리고 ④ 생명이나 재산의 보호에 방해가 되는 법령의 적용 중지를 위한 경우에 재난사태를 선포할 수 있도록 하고 있다.[04] 나아가 주정부는 하나 이상의 지역에서 재난사태 선포의 요청이 있는 경우, 연방정부는 하나 이상의 주정부에서 재난사태 선포의 요청이 있

---

03 행정안전부, 업무보고, 4면.
04 FEMA, *Local Elected and Appointed Officials Guide: Roles and Resources in Emergency Management*, 2022, p. 20.

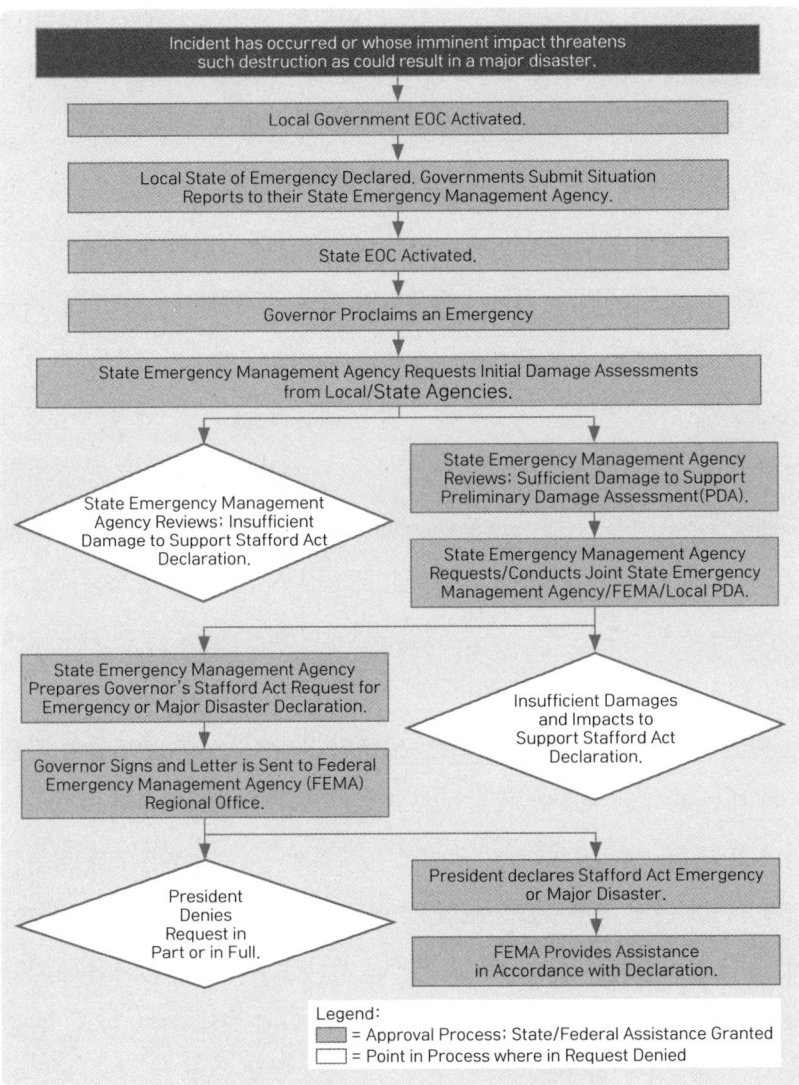

[그림 1] 주정부의 재난사태 선포 절차[05]

---

05 FEMA, *Local Elected and Appointed Officials Guide: Roles and Resources in Emergency Management*, 2022, p. 24. Figure 3.

는 경우 등에 각 재난사태를 선포할 수 있도록 함으로써 해당 지역의 역량을 초과하는 재난이 발생하는 경우에 좀 더 상위의 정부에서 재난사태를 선포하는 것을 그 원칙으로 하고 있음을 참고할 수 있을 것이다. 예를 들어 주정부에서 재난사태를 선포하기 위한 절차는 앞의 [그림 1]과 같다. 먼저 주요한 재난(major disaster)이 발생하거나 그러한 정도의 피해를 야기할 수 있는 급박한 위험이 발생하면 해당 지역정부는 재난대응본부(EOC)를 설치하고, 상황보고(Situation Report)를 주정부의 재난관리기관에 제출한다. 이에 따라 주정부는 주정부 재난대응본부를 설치하며 주지사의 재난사태 선포가 이뤄진다. 주정부의 재난관리기관은 주 및 지역의 기관들에 초기 피해 산정(Initial Damage Assessment)을 요청하며, 이를 바탕으로 스태퍼드법(Stafford Act)에 따라 연방정부의 지원이 필요한 재난에 해당한다고 판단되면 주지사는 연방재난관리청(FEMA)을 통해 대통령에게 스태퍼드법에 따른 대규모 재난의 선포를 요청하게 된다.

다만 재난사태의 선포에 따르는 일련의 응급조치들은 주민들의 기본권에 대한 중대한 제한이 될 수 있으므로,[06] 지방자치단체에서 재난사태의 선포를 할 수 있도록 하기 위해서는 지역재난안전대책본부를 비롯한 관련 담당자들의 전문성을 확보할 수 있는 방안을 먼저 수립해야 할 것이며, 응급조치에 상응하는 정도의 기본권 제한을 야기하지 않으면서 지방자치단체가 재난에 대응할 수 있도록 하는 방안에 대해서도 고려할 필요가 있을 것이라고 생각된다.

---

[06] 재난사태를 선포할 수 있는 권한을 행정안전부 장관에게만 부여하고 있는 현행의 규정과 이태원 참사의 경우에 재난사태가 선포되지 않았다는 사실은 이러한 관점에 바탕을 두고 있다고 여겨진다.

# 9

## 대응 단계: 상황 전파의 지연과 지휘 체계 및 역할 분담의 문제점

10.29. Disaster

### 1) 국정조사 결과

(1) 문제점

어떠한 사건이 발생하는 경우, 그 사건이 재난에 해당하는지를 판단하기 위해서는 상황의 구체적이고 신속한 전파 및 공유가 중요하다. 그러나 서울경찰청 상황실에서는 21시경 발동된 code 0에도 불구하고 심각한 상황이라는 것을 인지하지 못했고, 이를 상황팀장 및 상황관리관에게 보고하지 않아 서울경찰청장에게도 보고되지 못했다.[01]

〈표 1〉 참사 관련 112 신고에 대한 대응[02]

| 시간 | 신고 내용 | 대응 |
| --- | --- | --- |
| 18:34 | 1차 접수, "압사당할 것 같다" | 출동<br>경찰청 위기관리센터, 행정안전부 전달 안 됨 |

---

01 국정조사 보고서, 607면.
02 국정조사 보고서, 607면.

| 시각 | 접수 내용 | 조치 |
|---|---|---|
| 20:09 | 2차 접수, "사람이 너무 많아서 넘어지고 다치고 난리" | 출동 |
| 20:33 | 3차 접수, "사람이 너무 많이 몰려 쓰러지고 통제 불능" | 출동 안 함 |
| 20:53 | 4차 접수, "사람이 너무 많아서 압사당하고 있다" | 출동 안 함 |
| 21:00 | 5차 접수, "인파 너무 많아서 대형사고 일보 직전" | 출동 |
| 21:02 | 6차 접수, "인파 너무 많아서 사람들 떠밀린다" | 출동 |
| 21:05 | | 이태원 파출소장, 경찰 3명에게 이태원역 2번 출구 혼잡 완화 지시 후 확인 |
| 21:07 | 7차 접수, "압사될 분위기, 통제 필요" | 출동 안 함 |
| 21:10 | 8차 접수, "압사당할 것 같이 사람 많다" | 출동 안 함 |
| 21:25 | | 이태원 파출소장, 이태원역 1번 출구에 경찰 2명 추가 투입 |
| 21:34 | | (서울경찰청) 교통과 교통기동대 1개 제대 20명 현장 등 이태원로 일대 배치, 교통관리 실시 |
| 21:51 | 9차 접수. "인원통제 필요, 위험한 상황" | 출동 안 함 |
| 22:00 | 10차 접수, "골목에서 내려오기가 막 밀고 압사당할 거 같애, 통제 좀 해 주세요" | 출동 |
| 22:11 | 11차 접수 "여기 압사될 것 같아요 (비명소리)" | 출동 안 함 |
| 22:15 | (참사 발생 시간) 119 신고 접수 | |

참사의 발생 이후, 보고 및 협력 경과는 〈표 2〉와 같다.

〈표 2〉 일자별 보고 및 협력 경과[03]

| 시간 | 기관 내 보고 | 기관 간 협력 | 비고 |
|---|---|---|---|
| 10월 29일 토요일 | | | |
| 22:15 | | 참사 발생, 서울종합방재센터 신고 접수 | |
| 22:17 | 서울종합방재센터 → 용산소방서 출동지령 | | |
| 22:18 | | 서울종합방재센터 → 서울경찰청 공동대응 요청 | 22:18 ~ 익일 01:24, 10회 |
| 22:26 | | 서울종합방재센터 → 서울시 재난안전상황실 | |
| 22:29 | | 서울종합방재센터 → 용산구청 상황실 | 선착대 및 용산 소방서장 현장 도착 |
| 22:44 | | 서울종합방재센터 → 용산보건소 DMAT 지원 요청 | |
| 22:46 | | 서울종합방재센터 → 소방청 | |
| 22:48 | | 소방청 → 행안부 중앙재난안전상황실 상황 보고 | 22:43 소방 대응1단계 |
| 22:52 | 소방청장 직무대리 보고 | | |

---

03 국정조사 보고서, 606, 607면.

| 시각 | 보고자/기관 | 내용 | 비고 |
|---|---|---|---|
| 22:53 | | 소방청<br>→ 국정상황실 상황 보고<br>　행안부 중앙재난안전상황실<br>→ 서울시 및 용산구 상황관리<br>　지시 | |
| 22:54 | | 소방청<br>→ 국무조정실 상황 보고 | |
| 22:56 | | 소방청<br>→ 경찰청 이태원쪽 15명<br>　압사사고 상황 전파 및 지원<br>　요청 | 22:56 ~<br>익일<br>00:17,<br>8회 |
| 23:03 | 국정상황실장<br>→ 대통령 보고 | | |
| 23:11 | | 용산경찰서<br>→ 이태원역 무정차 요청<br>　(무정차 불가능 결정) | |
| 23:20 | 행안부 장관실<br>재난안전비서관<br>→ 행정안전부 장관 보고<br>　서울시 정책특보<br>→ 서울시장 보고 | | 23:13<br>소방<br>대응 2단계 |
| 23:26 | 행안부<br>중앙재난안전상황실장<br>→ 재난안전관리본부장 | | |
| 23:31 | 행안부<br>중앙재난안전상황실장<br>→ 행정안전부 장관 | | |
| 23:36 | 용산경찰서장<br>→ 서울경찰청장 | | |
| 23:41 | 행안부<br>중앙재난안전상황실장<br>→ 재난안전관리본부장(2차) | | |

| 23:57 | 용산경찰서 상황실<br>→ 서울경찰청 상황실 | | 23:48<br>소방<br>대응 3단계 |
|---|---|---|---|
| **10월 30일 일요일** ||||
| 시간 | 기관 내 보고 | 기관 간 협력 | 비고 |
| 00:02 | 서울경찰청 상황실<br>→ 경찰청 상황실 | | |
| 00:05 | | 경찰청<br>→ 국가안보실 위기관리센터 | |
| 00:14 | 경찰청 상황담당관<br>→ 경찰청장 보고 | | |

위의 상황을 정리하면 인파가 운집하는 경우 가장 먼저 상황을 파악했어야 하는 경찰청, 용산경찰서는 18시 34분부터 신고를 받았으나 참사의 발생가능성을 파악하지 못하고 있다가 22시 56분이 돼서야 소방청의 연락을 받고 경찰청에서 참사의 발생을 확인했으며, 경찰청장에게는 23시 36분에야 보고가 이뤄졌다.

직접적인 관할권을 가지고 있는 용산구청의 경우에는 참사 직후인 22시 29분에 서울종합방재센터에서 상황실에 "핼러윈 축제 때문에 인파가 너무 많아서 사람들이 압사당하겠다는 신고가 들어왔다"라고 참사 발생과 위험성에 대해 유선으로 전달했음에도 당직사령은 22시 53분 압사사고 내용을 접수해 23시 5분에 현장에 도착했고,[04] 용산구청장은 22시 51분에 주민으로부터 보고를 받아 처음으로 상황을 인지했으며, 22시 59분

---
04 국정조사 보고서, 611면.

에 현장에 도착했다.[05]

행정안전부는 22시 48분에 소방청의 보고를 받아 22시 53분에 서울특별시와 용산구청에 상황관리를 지시했으나, 행정안전부 장관에게 보고가 이뤄진 것은 23시 31분으로 이는 대통령에게 보고가 이뤄진 23시 3분보다 20분 이상 뒤늦은 것이었다.

(2) 재발 방지를 위한 대책

국정조사 결과, 보고 및 협력 체계의 신속성과 정확성을 개선하기 위한 대책으로 ① 의사결정권자에게 이르는 보고 체계를 단순화해 각 단계를 거치면서 소요되는 시간을 단축하고, ② 의사결정권자에게 직접 보고하는 것을 부담스러워하는 공직문화를 개선하며, ③ 의사결정권자와 연락이 되지 않는 경우 이를 대리·대행해 상황을 지휘할 수 있는 사람을 명확히 지정하는 등의 방안[06]이 제시됐다.

또한 모바일 영상회의 시스템을 활성화하고, 긴급신고통합 시스템에 현장 정보를 공유할 수 있는 기능을 추가함으로써 경찰·소방 현장대원들이 피해 발생 상황을 신속하게 전달할 수 있도록 할 필요가 있다는 점[07]과 CCTV 연계망을 구축해 대응기관 간 실시간 영상을 빠르게 공유할 수 있도록 하고, 모니터링 강화·활용을 위한 「개인정보 보호법」 등 관계 법령의 개정 방안을 검토할 필요가 있다는 점[08]이 제시됐다.

---

05 국정조사 보고서, 610면; 이에 따라 재난문자의 발생 또한 지연됐다.
06 국정조사 보고서, 640면.
07 국정조사 보고서, 641면.
08 국정조사 보고서, 642면.

(3) 전문가 의견

대형재난 발생 시 현장 대응 핵심 인력인 경찰, 소방 등과 지방자치단체장 사이의 정보 공유 기능에 한계가 있어 지방자치단체장의 대응 인력에 대한 지원 및 조정에 어려움이 있으므로, 112·119·지방자치단체 상황실 사이의 실시간 정보 공유 시스템을 통해 지방자치단체의 대응 역량을 강화해야 한다는 견해[09]가 제기됐다.

먼저 경찰청 자체적인 정보 공유와 관련해서는 ① 참사 현장 일대 인파 관련 신고에 대해 '강력 해산 조치' 등 경찰이 출동해 조치를 취한 건수는 4건에 해당하고 나머지는 '주변에 경찰관 배치됨을 고지 후 종결'로 처리했으며, ② 서울청 112종합상황실에 참사 당일 20:53경부터 21:10경까지 사이에 '인파사고' 내지 '압사'를 우려하는 신고가 5번 연속으로 접수됐고, 그중에서 21:00경 "인파가 너무 많아 대형사고 일보 직전"이라는 신고에는 code 0이 부여됐음에도, 112신고 매뉴얼에 따른 정보 공유, 긴급 공청 등이 전혀 실시되지 않았으며, 이는 112신고 매뉴얼대로의 정보 공유가 이뤄지지 않았음을 의미하는 것이라고 한다. 또한 소방과의 정보 공유와 관련해서는 참사 당일 20:37경과 21:01경 2차례에 걸쳐 경찰이 소방(종합방재센터)에 공동 대응 요청을 했을 때, 소방 측 접수자는 신고자에게 역걸기 확인을 한 후 첫 번째 사안은 '부상자 없고 구급차 필요치 않은 상황으로 단순 도로 통제만 요청'했고, 두 번째 사안은 '질서 유지 및 통제만 필요한 상황임을 확인'하고 112상황실에 내용 전달한 후 종결 처리해 참사 1시간 전에 경찰과 소방의 공조 체계가 작동하지 않았음을 지적하는 견해[10]가 제기됐다.

---

09 국정조사 보고서, 714면.

## 2) 재난에 대한 신고 및 보고

### (1) 관련 법령 체계의 검토

「재난 및 안전관리 기본법」은 모든 사람에게 재난의 발생이나 재난이 발생할 징후를 발견했을 때에는 즉시 그 사실을 시장·군수·구청장·긴급구조기관, 그 밖의 관계 행정기관에 신고하도록 규정하고 있다(같은 법 제19조 제1항). 또한 신고를 받은 시장·군수·구청장과 그 밖의 관계 행정기관의 장은 관할 긴급구조기관의 장에게, 긴급구조기관의 장은 그 소재지 관할 시장·군수·구청장 및 재난관리주관기관의 장에게 통보하도록 하여 신고된 재난 사실을 바탕으로 응급 대처 방안을 마련할 수 있도록 하고 있다(재난 및 안전관리 기본법 제19조 제2항).

또한 시장·군수·구청장, 소방서장, 해양경찰서장, 공공기관인 재난관리책임기관의 장 또는 「재난 및 안전관리 기본법」 제26조 제1항에 따른 국가 핵심 기반을 관리하는 기관·단체의 장(이하 '관리기관의 장')은 그 관할 구역, 소관 업무 또는 시설에서 재난이 발생하거나 발생할 우려가 있으면 재난 상황에 대해서는 즉시, 응급조치 및 수습 현황에 대해서는 지체 없이 각각 행정안전부 장관, 관계 재난관리주관기관의 장 및 시·도지사에게 보고하거나 통보하여야 한다(같은 법 제20조 제1항 1문). 관계 재난관리주관기관의 장 및 시·도지사는 보고받은 사항을 확인·종합하여 행정안전부 장관에게 통보하여야 하며(재난 및 안전관리 기본법 제20조 제1항 2문), 시·도지사의 경우에는 보고받은 재난이 2개 이상의 시·군·구에 걸쳐 발생한 경우와 그 밖에 재난의 신속한 수습을 위하여 중앙대책본부장 또는 재난관

---

10 국정조사 보고서, 746, 747면.

리주관기관의 장의 지휘·통제나 다른 시·도의 협력이 필요하다고 인정되는 경우에는 이를 종합하여 행정안전부 장관 및 재난관리주관기관의 장에게 통보하여야 한다(재난 및 안전관리 기본법 시행령 제24조 제4항). 또한 시장·군수·구청장, 소방서장, 해양경찰서장, 공공기관인 재난관리책임기관의 장 또는 관리기관의 장은 재난이 발생한 경우 또는 재난 발생을 신고 받거나 통보받은 경우에는 즉시 관계 재난관리책임기관의 장에게 통보하여야 한다(재난 및 안전관리 기본법 제20조 제4항).

이러한 법규정을 이태원 참사의 경우에 비춰 살펴보면 가장 먼저 재난이 발생할 징후에 대한 신고를 받은 경찰(112 상황실)은 「재난 및 안전관리 기본법」 제19조 제2항에 따라 이를 긴급구조기관인 소방청(서울종합방재센터)에 통보했어야 하고, 소방청은 이를 받아 관할 지방자치단체인 용산구청에 이를 통보했어야 한다. 그 후 용산구청 또는 용산소방서장은 관계 재난관리책임기관의 장에게 통보해야 하며(재난 및 안전관리 기본법 제20조 제4항), 행정안전부 장관 및 서울특별시장에게 보고하거나 통보했어야 하며, 서울특별시장은 보고받은 사항을 확인·종합해 행정안전부 장관에게 통보했어야 한다(같은 조 제1항). 그러나 재난이 발생한 징후에 대한 신고를 받은 경찰은 이를 긴급구조기관에 통보하지 않았고, 재난이 발생한 사실을 파악한 소방청은 용산구청에 통보했으나 용산구청은 이를 파악하지 못하고 있었다. 이에 더해 그 과정에서 각 재난관리책임기관의 내부적 상황 전파[11] 또한 이뤄지지 못했거나 상당한 시간이 소요됐다. 결과적으로 소방청으로부터 시작되는 보고 내지 통보가 기능을 발휘했으며, 그 밖의

---

11 예를 들어, 행정안전부의 중앙재난안전상황실로부터 행정안전부 장관에 대한 상황 전파와 용산구청의 상황실로부터 용산구청장에 대한 상황 전파는 이뤄지지 못해 각각 다른 경로로 상황을 파악했다는 점을 들 수 있다.

보고 또는 통보는 큰 역할을 하지 못했다고도 정리할 수 있을 것이다.

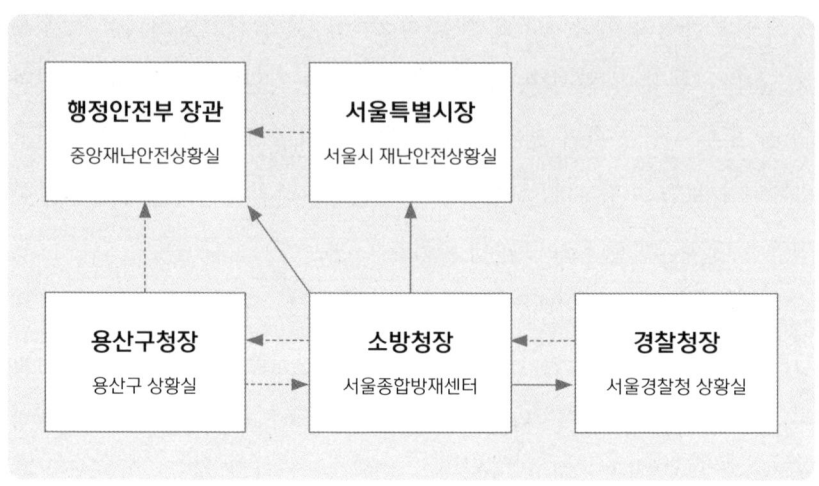

[그림 1] 이태원 참사 당시 재난 상황 전파 개요[12]

(2) 개선 방안

재난관리, 특히 급박하게 진행되는 재난의 대응에는 관련된 모든 기관이 가능한 빨리 상황을 파악해야 한다는 점에 더해 이태원 참사의 경우에서와 같이 재난 상황의 전파를 위한 연결 체계가 제대로 기능을 하지 않은 경우에 대한 대비도 필요하다고 할 것이다.

이와 관련해 국정조사에서 가장 많은 비판을 받은 부분인 재난안전통신망의 활용이 미흡하다는 부분[13]을 비롯해 신고 내지 보고 체계의 개선에 대해서는 다양한 방안이 제시됐다. 그러한 방안들에 더해 추가적으

---

12 실선은 보고 내지 통보가 이뤄진 경우를, 점선은 이뤄지지 않은 경우를 나타낸다.
13 국정조사 보고서, 103, 612, 628면 등.

로 부연하면 먼저 상황실 담당자들의 전문성을 보완해야 할 필요가 있다는 것을 들 수 있다. 이태원 참사와 같이 상당히 빠르게 진행되는 사회재난의 경우에는 의사결정권자 단계에서 어떠한 판단을 내리기 전에 상황이 급변하며, 일차적으로 재난에 대한 정보가 수집되는 상황실에서 내려지는 판단과 그에 따른 상황 전파가 매우 중요한 의미를 갖는다. 따라서 상황실의 근무자들은 상황판단회의에서 이뤄지는 판단에 상응하는 수준의 판단을 시간적 제약하에서 내릴 수 있을 정도의 전문성을 갖춰야 한다. 이를 위해서는 앞서 본 것처럼 방재직렬을 비롯한 재난 및 안전관리 담당자들의 전문성을 최대한 활용할 수 있는 인사 체계를 구축해야 하며, 지속적인 훈련과 교육을 통해 이들의 전문성을 강화할 수 있는 방안 또한 모색해야 한다. 이에 더해 빅데이터 등 또는 인공지능(AI)을 활용해 이들의 판단을 지원할 수 있는 체계의 수립을 고려할 필요가 있다.

또한 재난관리책임기관 내부 또는 상호 간의 재난 상황 전파 및 보고의 상세한 절차 등은 관련되는 매뉴얼에 따라 이뤄지는 것이 상례라고 할 것인데, 이태원 참사의 경우처럼 직접적으로 적용되는 매뉴얼을 바로 파악할 수 없는 경우에는 상황 전파의 절차와 순서에 대해 혼란이 발생할 수 있으므로 장기적인 관점에서는 현재처럼 매뉴얼을 '재난 분야별'로 작성하는 것이 아니라 '대응 형태별'로 매뉴얼을 작성하는 방안과, 미국의 경우에는 지휘의 통일성을 위해 담당자들은 각 한 명에게만 보고를 하도록 함으로써 지시의 중복 등을 통해 발생할 수 있는 혼란을 억제하고 있다는 점[14]을 감안해 보고 체계를 단순화하는 방안도 고려할 여지가 있다고 할 것이다.

---

14 FEMA, National Incident Management System, 2017, p. 23.

# 10

# 컨트롤타워 논란:
# 재난 컨트롤타워는 도대체 누구인가?

10.29. Disaster

## 1) 국정조사 결과

### (1) 문제점

국정조사 과정에서 재난 관련 컨트롤타워가 행정안전부인지 또는 대통령실인지에 대한 질의는 여러 차례[01]에 걸쳐 이뤄졌으며, 이러한 논의는 사회적으로 관심을 끄는 재난이 발생하는 경우에 상시적으로 이뤄졌던 것이라고 할 수 있을 것이다.

대통령실이 재난 관련 컨트롤타워라고 보는 견해[02]에서는 "국가안보실 및 대통령비서실은 국가위기관리센터의 컨트롤타워"라고 명시하고 있는 「국가위기관리기본지침」과 국가위기관리센터의 임무 및 역할을 "재난의 총괄 조정 및 초기·후속 대응반 운영"이라고 규정하고 있는 위기관리 매뉴얼을 그 근거로 들고 있다.

---

[01] 국정조사 보고서, 107, 140, 605면 등.
[02] 국정조사 보고서, 616, 617면.

전통적인 안보 관점에서는 군 중심의 국가위기관리센터에서 포괄적 (사회)재난까지 수행하는 어려움이 존재할 것으로 판단된다. 따라서 군에서 경험하기 힘든 대규모 재난 상황을 보고만 받는 수동적인 행태가 반복될 수 있다고 보여진다. 적극적인 상황 판단과 대응 조치를 수행하기 위해서는 국가위기관리센터를 이원화해 전통적인 안보 중심 핫 라인과 재난관리 중심 핫 라인을 분리해서 운영하는 것도 필요할 것 같다. 과거 세월호 참사와 코로나 대응에서 국무총리와 행정안전부 장관 주도의 부처 간, 부서 간, 지역 간의 통합 대응에 총괄 및 조정에서 한계와 제약을 확인했다.

신속한 국가재난 대응을 통해 대규모 재난의 피해를 경감할 수 있다고 본다면, 대통령과 대통령실의 최초 상황 판단과 의사결정, 그리고 초동 지휘 및 통제를 지원할 전문 인력이 데이터 근거 기반으로 보좌하는 것을 검토할 필요가 있다. 이를 통해 우왕좌왕 또는 복지부동의 조직과 인력에 분명하게 지시를 내릴 수 있다.

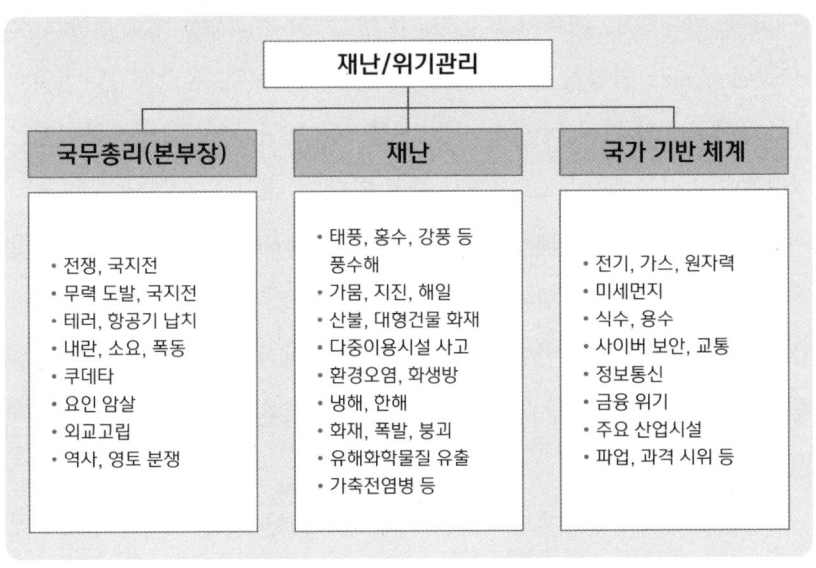

### (2) 재발 방지를 위한 대책

'컨트롤타워'의 정의에 대한 논의는 결론을 내리지 못한 것으로 보이며, 그에 따라 개선을 위한 대책은 제시되지 않았다.

### (3) 전문가 의견

재난의 컨트롤타워는 대통령실이라는 견해가 제기됐다. 이는 「국가위기관리기본지침」 제3조(책무)에서 국가안보실 및 대통령비서실은 국가위기관리 컨트롤타워로서 통합적 재난관리 체계를 구축하도록 하고 있으며, 완만진행형 재난이 아닌 순간폭발형 중대재난(붕괴, 화재, 방사능 누출, 선박 전복, 압사 등)은 신속하게 모든 국가적 역량과 자원을 총동원하고 재난 관련 부처가 협업을 통해 재난을 극복해야 하는데, 중앙재난안전대책본부와 행정안전부의 역할과 지휘 체계로는 재난 위기를 극복하기에는 어려움이 있다는 점[03]을 그 근거로 들고 있다.

또한, 재난안전 관리를 위한 강력한 컨트롤타워 부재 및 현장을 통합적으로 지원·조정하는 재난관리 시스템의 미비를 지적하며, 이를 해결하기 위해서는 역량에 기반한 통합적 재난관리 체계로의 전환과 대통령실 재난안전 비서관 신설을 통한 재난 안전의 컨트롤타워를 정립해야 한다는 견해[04]도 제기됐다.

나아가 재난의 컨트롤타워가 어디인지에 대한 논쟁이 계속적으로 제기되고 있다는 사실은 현행 규정과 집행이 국민들의 눈높이에 맞지 않는

---

[03] 국정조사 보고서, 658, 659면. 또한 같은 부분에서는 위와 같은 점을 바탕으로 재난 위기 대응 선진국은 대부분 재난 컨트롤타워는 대통령실과 같은 최고 통치기구 또는 별도의 재난관리기구를 두고 있다고 하며, 그 예로 미국의 국가안전보장회의(NSC), 국토안보국(DHS), 연방재난관리청(FEMA) 등을 들고 있다.
[04] 국정조사 보고서, 761면.

다는 것을 보여 주고 있으므로, 국가재난관리 체계를 정립해 국민들이 이해할 수 있도록 제시해야 한다는 견해[05]도 제기됐다.

## 2) 재난관리 컨트롤타워의 정립

### (1) 관련 법령 체계의 검토

「재난 및 안전관리 기본법」에서는 행정안전부 장관이 국가 및 지방자치단체가 행하는 재난 및 안전관리 업무를 총괄하도록 규정하고 있으며(같은 법 제6조), 그 밖에 사회재난에 해당하는 피해 여부의 판단을 하고(같은 법 제3조 제1호 나목 및 같은 법 시행령 제2조 제2호), 원칙적인 중앙재난안전대책본부의 본부장이 되며(같은 법 제14조 제3항), 재난사태를 선포할 수 있는 권한을 갖도록 규정하고 있다(같은 법 제36조 제1항). 또한 국무총리는 중앙안전관리위원회의 위원장이 되며(재난 및 안전관리 기본법 제9조 제2항), 범정부적 차원의 통합 대응이 필요하다고 인정되는 경우에 중앙재난안전대책본부의 본부장이 될 수 있다(같은 법 제14조 제3항). 이에 대해 「재난 및 안전관리 기본법」에서 대통령에 대해 명시적으로 부여하고 있는 주요한 권한은 특별재난지역의 선포(같은 법 제60조)다.

따라서 「재난 및 안전관리 기본법」을 바탕으로 해석하는 경우, 재난과 관련한 컨트롤타워는 행정안전부 장관이라고 해석될 여지가 높다고 할 것이며, 대통령이 재난의 컨트롤타워 역할을 해야 한다는 견해는 대통령이 국정의 최고 책임자라는 상징성에 기인하는 것이라고 여겨진다.

---

05 국정조사 보고서, 825면.

## (2) 개선 방안

「재난 및 안전관리 기본법」상의 주요 권한 비교

○ 대통령: 특별재난지역의 선포(제60조)
○ 국무총리:
- 중앙안전관리위원회 위원장(제9조 제2항)
- 중앙재난안전대책본부 본부장(범정부적 차원의 통합 대응이 필요하고 인정되는 예외적인 경우, 제14조 제3항)

○ 행정안전부 장관:
- 중앙행정기관의 재난 및 안전관리 사업에 대한 지도·감독(제10조의2 및 제10조의 3)
- 중앙안전관리민관협력위원회의 구성·운영(제12조의2)
- 시·도안전관리위원회의 운영과 지방자치단체의 재난 및 안전관리 업무에 대한 지원·지도(제13조)
- 시·도안전관리계획의 수립 주관(제24조)
- 특정관리대상지역에 대한 지방자치단체의 조치 등에 대한 지원·지도(제28조)
- 재난방지시설의 관리 실태 점검 및 보수·보강 등의 조치 요청(제29조)
- 긴급안전점검의 실시 및 안전조치 명령(제30조 및 제31조)
- 정부합동 안전 점검 실시(제32조)
- 재난관리 체계 등에 대한 평가(제33조의2)
- 재난관리자원의 공동 활용 관리 및 시스템의 구축·운영 등(제34조)
- 재난현장 긴급통신수단의 공동 활용을 위한 체계의 구축·운영(제34조의2)
- 국가재난관리 기준의 제정·운용(제34조의3)
- 기능별 재난대응 활동계획과 재난 분야 위기관리 매뉴얼에 대한 감독(제34조의4 및 제34조의5)
- 안전 기준의 등록 및 심의(제34조의7)
- 재난안전통신망의 구축·운영(제34조의8)
- 재난대비훈련 기본계획의 수립과 재난대비훈련의 주관(제34조의9 및 제35조)
- 긴급구조 관련 특수번호 전화서비스 통합·연계 체계의 구축·운영(제54조의2)
- 중앙재난피해합동조사단의 편성 등(제58조)
- 안전문화활동의 추진에 관한 총괄·조정(제66조의4)
- 안전정보의 구축·활용과 안전지수의 공표(제66조의9 및 제66조의10)

앞서 본 대통령이 재난 관련 컨트롤타워라는 견해들 중에서 미국의 국가안전보장회의(NSC), 국토안보부(DHS), 연방재난관리청(FEMA)을 예로 들고 있는 경우가 있다. 그러나 국가안전보장회의는 국가안보와 관련된 연방정부 부처와 기관들의 정책과 기능을 효과적으로 조정하는 등 자문기관으로서의 역할을 하는 것[06]으로서 미국의 국가 대응 체계(NRF)에서도 재난 대응에 대한 연방정부의 역할과 책임에 대해서 국가안전보장회의를 제외한 국토안보부와 연방재난관리청 등에 대해서만 규정하고 있다는 점[07]에서 볼 때, 미국의 경우에도 대통령에게 연방 차원의 재난에 대해 어떠한 구체적인 역할을 부여하지는 않으며, 다만 국정의 최고책임자로서의 대통령의 업무 중의 하나로 이해하는 것으로 봐야 할 것이다.

현행 「재난 및 안전관리 기본법」상의 주요 권한들을 비교해 보는 경우, 통일적이고 유기적인 재난 및 안전관리가 이뤄지도록 하는 중심적인 역할을 담당하고 있는 행정안전부 장관이 재난 관련 컨트롤타워라고 봐야 할 것이다. 그러나 계속적으로 재난 컨트롤타워에 대한 논의가 제기되는 것은 그동안 우리나라의 재난에 대한 대응에서 재난관리책임기관 사이의 업무 협조가 잘 이뤄지지 않았다는 점을 지적하는 것이라고 받아들여야 할 것이다. 따라서 행정안전부 장관을 중심으로 각 재난관리책임기관의 재난관리 업무를 효율적으로 조정할 수 있는 방안에 대한 검토가 우선돼야 할 것이다.

---

[06] the National Security Act Amendments of 1949, Sec. 101 (b).
[07] Homeland Security, National Response Framework, 2019, pp. 34-37.

## 11

# 중앙사고수습본부:
# 다중밀집사고의 경우 재난관리주관기관과
# 중앙재난안전대책본부와의 관계

10.29. Disaster

## 1) 국정조사 결과

### (1) 문제점

국정조사에서는 중앙사고수습본부가 설치되지 않아서 유기적인 협력이 이뤄지지 않았다는 지적[01]이 여러 차례 제기됐다. 이와 관련해서는 행정안전부가 중앙사고수습본부의 역할을 담당하는 경우에는 보통 중앙사고수습본부를 별도로 구성하지 않고 중앙재난안전대책본부를 바로 구성하게 된다는 답변[02]이 있었다.

### (2) 재발 방지를 위한 대책

"재난관리주관기관이 지정되지 않았거나 분명하지 않은 경우에는 행정안전부 장관이 「정부조직법」에 따른 관장 사무와 피해 시설의 기능 또는 재난 및 사고 유형 등을 고려하여 재난관리주관기관을 정한다"라고 규

---

01 국정조사 보고서, 312, 427면 등.
02 국정조사 보고서, 428면.

정하고 있는 「재난 및 안전관리 기본법 시행령」[별표 1의 3]을 바탕으로 행정안전부 장관이 이태원 참사에 대한 재난관리주관기관을 지정하지 않은 것에 대한 잘못을 지적하고 행정안전부가 재난관리주관기관으로서 신속하게 중앙사고수습본부를 설치하지 않은 잘못을 지적했으나 그 밖에 중앙사고수습본부의 설치·운영에 대한 개선 방안은 제시되지 않았다.

### (3) 전문가 의견

이태원 참사와 관련해 행정안전부가 중앙사고수습본부를 설치·운영하지 않았다는 점을 문제로 지적하는 의견[03]이 있었다. 즉, 「재난안전법 시행령」[별표 1의3]의 조문을 살펴보면, "사고로서 다른 재난관리주관기관에 속하지 아니하는 재난 및 사고"의 재난관리주관기관은 행정안전부로 규정돼 있으므로 주최가 없는 축제의 경우에도 행정안전부가 재난관리주관기관이며, 참사 발생 후 대통령의 지시 사항을 보면 "행정안전부 장관을 중심으로 모든 관계 부처 및 기관에서는 피해 시민들에 대한 신속한 구급 및 치료가 이뤄질 수 있도록 만전을 기하라"라고 했으므로, 대통령 지시 사항에 따라서도 행정안전부가 재난관리주관기관이라는 것이다.

이에 따라 재난관리주관기관인 행정안전부는 재난 발생 시 사고의 전개 양상, 피해 상황을 감안해 재난 발생 가능성에 대해 상황판단회의를 실시하고, 상황판단회의의 결과(자체위기평가회의) 심각 단계에 해당될 경우, 주관기관은 즉시 중앙사고수습본부를 설치 및 가동하며, 중앙사고수습본부가 운영되고 있음에도 범정부 차원의 대응·협조가 필요한 경우 중앙재난안전대책본부의 구성 및 운영을 요청했어야 하지만, 위기경보 심

---

[03] 국정조사 보고서, 662면.

각 단계를 발령하지 않았고 중앙사고수습본부를 설치하지 않아 결과적으로 중앙재난안전대책본부가 지연 설치됐다는 것[04]이다.

중앙재난안전대책본부, 중앙사고수습본부, 지역재난안전대책본부 등의 역할이 불분명하며, 지휘·조정 및 지원의 기능이 혼재돼 현장의 혼란이 야기되고 법적 근거 없는 '범대본(범정부대책본부)'이 빈번하게 설치되고 있다는 점을 지적하며 중앙사고수습본부와 중앙재난안전대책본부의 지위를 비롯한 재난관리 체계 전반을 개선하는 것도 고려할 필요가 있다는 견해[05]도 제시됐다.

## 2) 중앙사고수습본부의 역할

### (1) 관련 법령 체계의 검토

재난관리주관기관의 장은 재난이 발생할 우려가 있거나 재난이 발생하는 경우에 재난 상황을 효율적으로 관리하고 재난을 수습하기 위한 중앙사고수습본부를 신속하게 설치·운영하여야 하며, 재난이 발생한 지역에 지역사고수습본부를 운영할 수 있다(재난 및 안전관리 기본법 제15조의2 제1항 및 제5항). 예를 들어 보건복지부의 경우, 「재난 및 안전관리 기본법」 제3조의2에 따라 보건복지부가 재난관리주관기관이 되는 재난 및 사고가 발생할 우려가 있거나 발생하여 ① 「재난 및 안전관리 기본법」 제14조에 따른 중앙재난안전대책본부가 운영되는 경우 또는 ② 보건복지부 장관이 수습본부의 설치·운영을 지시하는 경우에 수습본부를 설치·운영하

---

04 국정조사 보고서, 663면.
05 국정조사 보고서, 826면.

도록 되어 있다(「보건복지부 중앙사고수습본부 설치 및 운영 등에 관한 규정」 제4조 제1항).

중앙사고수습본부는 재난 및 사고가 발생하는 경우, 피해 상황을 관리하며 그에 대한 초동 조치 및 지휘를 하는 권한을 가지고 있다. 즉, 중앙 및 지역의 재난안전대책본부가 재난 현장의 후방에서 재난 수습을 총괄·조정을 하는 역할을 수행한다면, 중앙수습본부는 재난관리주관기관으로서의 전문성을 바탕으로 재난 수습을 직접적으로 지휘하는 역할[06]을 담당하는 것이다. 이를 위해 중앙사고수습본부장은 재난 수습에 필요하면 관계 재난관리책임기관의 장에게 행정상 및 재정상의 조치, 소속 직원의 파견, 그 밖에 필요한 지원을 요청할 수 있으며, 요청을 받은 관계 재난관리책임기관의 장은 특별한 사유가 없으면 요청에 따라야 한다(재난 및 안전관리 기본법 제15조의2 제4항). 해당 재난의 수습에 필요한 범위에서 시·도지사 및 시장·군수·구청장 또는 그에 상응하는 지역재난안전대책본부장을 지휘할 수 있고(재난 및 안전관리 기본법 제15조의2 제6항), 나아가 「재난 및 안전관리 기본법」 제14조의2 제1항에 따른 수습지원단을 구성·운영

---

[06] 예를 들어 보건복지부 중앙수습본부의 주요한 업무를 살펴보면 다음과 같다(「보건복지부 중앙사고수습본부 설치 및 운영 등에 관한 규정」 제5조).
　① 재난 및 사고 발생 시 피해 상황 종합관리 및 상황 보고
　② 재난 및 사고 초동 조치 및 지휘 등 수습 업무 전담
　③ 재난 및 사고 위험 수준 상황 판단, 위기경보 발령 및 전파
　④ 사상자 긴급구조 및 구급활동, 피해자 신원 파악·관리 등 상황관리
　⑤ 피해 상황 조사, 피해 보상 및 지원 대책 마련
　⑥ 자연재난 복구계획 수립을 위한 피해조사 및 복구안 마련
　⑦ 지역대책본부 및 지역사고수습대책본부 지휘 및 지원
　⑧ 재난관리책임기관의 장에게 재난 수습에 필요한 행정상 및 재정상 조치 요구
　⑨ 재난 및 사고 상황 대국민 브리핑 및 언론 대응
　⑩ 중앙대책본부장에게 수습지원단 파견 건의
　⑪ 중앙대책본부 설치 건의 및 중앙대책본부장 요구 사항 이행
　⑫ 그 밖에 수습본부의 장이 재난 수습을 위하여 필요하다고 인정하는 사항

할 것을 중앙재난안전대책본부장에게 요청할 수 있다(같은 법 제15조의2 제7항).[07]

### (2) 개선 방안

**재난관리주관기관 / 중앙사고수습본부의 문제점**

- 중앙재난안전대책본부와 동시에 지역재난안전대책본부에 대한 지휘권을 가지고 있으므로 지역재난안전대책본부에 대한 지휘권에 혼란이 발생할 수 있다.
- 법률에서는 특별한 규정이 없으나, 「보건복지부 중앙사고수습본부 설치 및 운영에 대한 규정」과 같이 초동 조치 및 지휘 등 수습 업무를 전담한다는 규정이 있는 경우에는 긴급구조통제단을 지휘할 수 있는 것으로 해석될 여지가 있다.
- 재난관리주관기관만이 위기경보를 발령하도록 돼 있으므로, 지방자치단체와 같은 다른 재난관리책임기관들의 대응이 늦어질 우려가 있다.

중앙사고수습본부가 지역재난안전대책본부에 대한 지휘권을 가지고 있지만, 동시에 중앙재난안전대책본부 또한 지역재난안전대책본부에 대한 지휘권을 가지고 있으므로 지휘권이 상충하는 문제가 있을 수 있다. 나아가 「보건복지부 중앙사고수습본부 설치 및 운영 등에 관한 규정」 제11조에서는 "수습본부장은 수습에 필요한 범위에서 중앙대책본부장의 총괄·조정을 받아 그 재난이나 사고에 대한 수습활동을 수행하여야 한다"라고 규정하고 있다. 이에 따르면, 중앙재난안전대책본부장이 보건복지

---

07 이러한 중앙사고수습본부는 재난의 발생 또는 발생의 우려가 있는 경우에 재난관리주관기관의 장이 설치하는 것(재난 및 안전관리 기본법 제15조의2 제1항)으로, 대규모 재난의 경우에는 행정안전부에 중앙재난안전대책본부를 설치(같은 법 제14조 제1항)하고, 효과적인 재난 수습을 위해 범정부적 통합 대응이 필요한 경우에는 국무총리가 중앙재난안전대책본부의 본부장 권한을 행사한다(같은 조 제3항). 즉, 중앙사고수습본부가 먼저 설치되고, 그다음에 중앙재난안전대책본부가 설치되는 것이라고 볼 수 있다.

부의 중앙사고수습본부에 대한 지휘권을 행사하는 경우에는 사실상 중앙수습본부장의 지휘권이 유명무실하게 될 우려도 있다. 또한 행정안전부장관이 중앙대책본부장이 담당하는 경우가 많은데, 이때에는 조직관리상 수평적인 관계에 있는 장관이 다른 장관을 지휘할 것이며, 사실상 장관이 다른 부처의 장관[08]에게 지시를 내리는 것이 쉽지 않을 것이라는 우려가 있다.[09]

또한, '재난 및 사고 초동 조치 및 지휘 등 수습 업무 전담'(보건복지부 중앙사고수습본부 설치 및 운영 등에 관한 규정 제5조)를 그 업무의 하나로 하고 있으나, 이는 「재난 및 안전관리 기본법」 제51조에 의한 긴급구조통제단장을 지휘할 수 있다고 해석될 수 있으며, 그러한 경우에는 재난 현장에서의 대응활동에 혼란이 발생할 우려가 있다. 나아가 앞서 본 것처럼 중앙재난안전대책본부장의 지휘를 받는 중앙사고수습본부장은 지역재난안전대책본부와 긴급구조통제단을 지휘할 수 있음에 대해 중앙재난안전대책본부장은 지역재난안전대책본부를 지휘할 수 있으나, 긴급구조통제단을 지휘할 수는 없게 돼 지휘권 자체가 복잡하게 될 수 있다는 점도 고려해야 할 것이다.

따라서 현행의 「재난 및 안전관리 기본법」에 의한 중앙사고수습본부는 재난의 대응에 관한 지휘권을 비롯한 재난 대응활동에 혼란을 가져올 우려[10]가 있으며, 경우에 따라서는 반대로 유명무실하게 될 우

---

08 나아가 기획재정부 장관, 교육부 장관의 경우에는 부총리를 겸임하고 있어 어떠한 관점에서는 '지위가 역전'된다고도 볼 수 있다.
09 국회입법조사처, 국가 재난대응 지휘 체계의 한계점과 개선 방안, NARS 현안분석, 2019. 12, 6면.
10 비록 중앙재난안전대책본부와 중앙사고수습본부의 역할이 법정돼 있다고 하더라도 국정조사의 과정에서 "국가 또는 자치단체가 대응해야 할 재난이 발생했을 때 현장 지휘, 응급조치, 긴급구조, 상황관리, 기관 간의 협조·지원 등 피해를 최소화하기 위해 수행하는 활동을 지원하는 기구를 중앙사고수습본부, 중수본이

려[11] 또한 존재한다.

위와 같은 점들을 고려해 장기적으로는 재난관리주관기관과 중앙사고수습본부의 역할을 재정립해 좀 더 효율적인 재난관리가 이뤄지도록 하는 방안을 검토할 필요가 있다고 여겨진다.[12]

---

라 하며, 기관 간 협조·지원이 유기적으로 이뤄질 수 있도록"하는 것이라는 지적(국정조사 보고서, 312면)이 있었음을 유의할 필요가 있다. 여기에서 지적하고 있는 중앙사고수습본부의 업무는 중앙 또는 지역재난안전대책본부 내지는 긴급구조통제단의 업무와 상당 부분 중첩이 된다.

[11] 이와 관련해서는 앞서 본 것처럼 행정안전부가 중앙사고수습본부의 역할을 맡을 경우에는 보통 중앙사고수습본부가 설치되지 않으며, 필요한 조치는 다 취해졌다는 취지의 답변(국정조사 보고서, 428면)이 있었음을 참고할 필요가 있다.

[12] 그 밖에 재난관리주관기관만이 위기경보를 발령하게 돼 있어(재난 및 안전관리 기본법 제38조) 현실적으로 지역재난안전대책본부는 중앙사고수습본부가 구성된 이후에야 사후적으로 구성될 가능성이 높다는 점 또한 문제라고 할 것이며, 국정조사의 과정에서 지적됐던 것처럼 "중앙사고수습본부가 운영되고 있음에도 범정부 차원의 대응·협조가 필요한 경우에 중앙재난안전대책본부가 설치되는 것"이라는 견해가 있으나. 범정부 차원의 대응이 필요한 경우는 단순히 중앙재난안전대책본부가 설치돼야 하는 것이 아니라 국무총리가 중앙재난안전대책본부의 본부장이 되는 경우라는 점에서 중앙사고수습본부와 중앙재난안전대책본부의 설치 시기가 다소 혼란스러운 부분이 있다.

# 12

# (중앙 및 지역) 재난안전대책본부의 설치 및 운영: 설치 여부 판단 기준과 모바일 상황실(민간 SNS)을 활용한 가상공간에서의 협의는?

10.29. Disaster

## 1) 국정조사 결과

### (1) 문제점

국정조사 과정에서는 중앙재난안전대책본부 및 서울특별시와 용산구청의 지역재난안전대책본부의 설치가 지연됐다는 점이 집중적으로 지적[01]됐다. 이에 대해 국무총리를 본부장으로 하는 중앙재난안전대책본부는 10월 30일 02:30에 설치[02]됐으며, 서울특별시의 경우에는 비록 물리적으로 재난안전대책본부를 설치하지는 않았으나 모바일 상황실을 운영[03]했고, 용산구청의 경우에도 10월 30일 00:43에 재난안전대책본부

---

[01] 국정조사 보고서, 158면.
[02] 국정조사 보고서, 161면.
[03] 구체적으로는 다음과 같다(국정조사 보고서, 228면).
 • 1단계 모바일상황실 - 평상시 운영(207명), 22:44에 재난정보 공유
 • 2단계 모바일상황실 - 22:52 개설(305명), 사고 대응 상황 공유
 • (주요 간부) 모바일상황실 - 00:09 개설(27명), 상황 공유 및 사고 수습

SNS 방을 개설·운영[04]했다는 답변이 제출됐다.

이와 관련해 주된 논점은 "참사 발생을 인지하면 바로 중앙재난안전대책본부를 꾸려 대응하는 것이 「국가위기관리지침」상의 대응 체계인데, 이를 제대로 수행하지 않은 것은 아닌지"라는 취지의 질의[05]에 대해 "이미 사고가 발생한 상황으로, 긴급구조통제단장(소방서장)이 현장을 지휘하면서 응급조치를 수행하는 것이 가장 중요한 것이지 중앙재난안전대책본부를 설치하는 것이 가장 중요하다고 볼 수는 없다"는 취지의 답변[06]이 있었다는 점에서 볼 수 있는 것처럼 재난안전대책본부의 설치라는 사실이 중요한 것인지의 여부와 실질적으로 재난안전대책본부의 기능이 수행됐다는 사실이 중요한 것인지의 여부라고 할 수 있을 것이다.[07]

(2) 재발 방지를 위한 대책

중앙 및 지역재난안전대책본부의 설치가 좀 더 신속하게 이뤄질 수 있도록 하는 방안이나 재난안전대책본부가 설치되지 않은 경우에도 그 기능이 수행되면 되는 것인지의 여부에 대해서는 특별한 개선안이 제시되지는 않았던 것으로 보인다.

---

[04] 국정조사 보고서, 266면.
[05] 서울특별시의 재난안전대책본부와 관련해서도 유사한 취지의 질의가 제기됐다. 국정조사 보고서, 431, 432면.
[06] 국정조사 보고서, 104면.
[07] 다만, "2020년 경기도 물류센터 화재, 제천 스포츠센터 화재 등 최근의 인명 피해 사건에서 중앙재난안전대책본부가 구성되지 않았고, 행정안전부 장관에 대한 사퇴 요구도 없었다는 점과 같이 중앙재난안전대책본부는 자연재난에는 자동적으로 구성되지만 대규모 인명 피해가 발생했을 때에는 긴급구조가 중요하기 때문에 판단을 달리하는 것"이라는 취지의 지적(국정조사 보고서, 311면)도 있었음을 유의할 필요가 있다.

### (3) 전문가 의견

전문가들의 의견 또한 재난안전대책본부의 설치가 늦어진 부분에 대한 지적[08]에 더해 개선 방안 등에 대한 구체적인 견해의 제시는 없었던 것으로 보인다.

## 2) 재난안전대책본부의 설치와 운영

### (1) 관련 법령 체계의 검토

「재난 및 안전관리 기본법」에서는 대규모 재난의 대응·복구 등에 관한 사항을 총괄·조정하고 필요한 조치를 취하기 위해 중앙재난안전대책본부를 설치하도록 규정(같은 법 제14조 제1항)하고 있으며, 해당 관할 구역에서 재난의 수습 등에 관한 사항을 총괄·조정하고 필요한 조치를 하기 위해서는 지역재난안전대책본부를 두도록 규정(같은 법 제16조 제1항)하고 있다. 즉, 현행 법령에서는 재난안전대책본부의 설치 요건에 대해서는 규정하고 있지만 구체적으로 어떠한 방식으로 설치·운영돼야 하는지에 대해서는 규정하지 않고 있다. 즉, 재난안전대책본부가 물리적으로 설치되는지의 여부보다는 실질적으로 재난안전대책본부의 기능이 수행됐는지의 여부가 좀 더 중요한 논점이 될 수 있을 것이다.

### (2) 개선 방안

미국의 경우, 우리나라의 재난안전대책본부에 비교될 수 있는 것은 재난과 관련한 정보를 분석하고, 무엇보다 자원의 필요와 요청에 따라

---

08 국정조사 보고서, 660면.

자원을 배분하는 역할을 수행하는 재난대응본부(Emergency Operations Centers: EOC)라고 할 수 있다. 미국은 이러한 재난대응본부의 업무는 "가상의 공간에서 또는 물리적으로(whether virtual or physical) 수행될 수 있다"[09]고 해서 재난대응본부가 반드시 현실 공간에서 물리적으로 설치 및 운영돼야 할 필요는 없음을 밝히고 있다.

이러한 점을 고려할 때, 「재난 및 안전관리 기본법」에서 명시적으로 허용하지 않고 있더라도 각종 통신기기를 이용해 재난안전대책본부의 역할이 수행됐으면, 현실 공간에서 재난안전대책본부가 설치돼 회의를 했는지의 여부는 크게 문제시되지 않을 수 있다고 봐야 할 것이다.

다만 국정조사의 과정에서 "얼마 전 판교 IDC 화재로 SNS가 먹통이 돼서 행정이 먹통이 된 적이 있는데, 이번 사고 때에도 카카오톡을 활용했음"이 지적[10]됐음을 고려해 법령을 정비해 가상의 공간에서 회의를 진행할 수 있으며, 이를 위해 좀 더 안전성 있고 보안이 되는 재난안전통신체계를 수립하는 것을 고려할 필요도 있다.

---

09 FEMA, National Incident Management System, 2017, p.35.
10 국정조사 보고서, 252면.

# 중앙재난안전대책본부와
# 지역재난안전대책본부의 보충성과 연대성?[01]

10.29. Disaster

## 1) 국정조사 결과

### (1) 문제점

앞서 본 것처럼 중앙재난안전대책본부와 관련해서는 그 구성이 늦어져서 이태원 참사의 수습이 지연된 것인지의 여부를 확인하는 질의가 제기됐다. 또한 서울특별시의 지역재난안전대책본부와 관련해서는 광역지역재난안전대책본부(서울특별시)와 기초지역재난안전대책본부(용산구청)의 업무 분장에 관한 질의[02]가 있었으며, 2개 구 이상의 시민이 관여된 일에는 서울특별시가 반드시 개입해야 한다는 지적과 「재난 및 안전관리 기본법」상 광역자치단체와 기초자치단체의 역할이 구분돼 있다는 취지의 답변[03]이 있었다.

---

01 보충성은 일차적인 관할권을 가지고 있는 일선기관들이 먼저 대응을 하고, 상위의 기관들은 재난이 일선기관들의 역량을 넘어서는 경우에 대응하는 것을 의미함(일선 개별 기구들의 전문적 및 기술적 부분에 중점을 둬 전체적이고 근원적인 전략 목표와 역할에 소홀히 할 가능성이 있어 그러한 부분을 보충). 연대성은 단일한 정부기관뿐만 아니라 관련된 모든 정부 및 민간의 기관들이 협력하는 것을 의미함(적극적인 민간 참여와 실질적인 민관 협력 구현).
02 국정조사 보고서, 77면.

이러한 질의와 답변은 중앙재난안전대책본부 - 광역 지방자치단체의 재난안전대책본부 - 기초지방자치단체의 재난안전대책본부로 이어지는 단계별 재난안전대책본부의 재난관리 업무의 분장에 대한 것에서 비롯되는 것이라고 할 수 있다.

### (2) 재발 방지를 위한 대책

국정조사에서 재발 방지 대책과 관련해서는 특별히 제시된 사항은 없는 것으로 보인다.

### (3) 전문가 의견

용산구청은 재난 상황 발생 시 재난 및 안전관리법에 따라 지역재난안전대책본부이자 수습본부의 역할을 하는 대비 주체인데 이러한 인식이 전반적으로 충분하지 않은 것으로 판단된다는 의견[04]이 제시됐다.

무엇보다 재난관리 정책 및 시스템의 관점에서 재난의 유형과 규모에 관계없이 적용할 수 있는 공통된 관리 원칙하에 부처별 협업이 가능한 대응 계획이 수립·운영돼야 하지만, 재난 유형별 부처별 조치 위주로 작성된 매뉴얼에만 의존하는 경향이 강하며 재난관리에 관한 각종 법정 계획 간 수평, 수직적 상호 연계성이 부족하고 파편화돼 국가·지방의 재난관리 시스템 작동에 한계가 있다는 견해[05]가 제기됐다. 즉, 재난 유형, 규모에

---

03 국정조사 보고서, 81면.
04 국정조사 보고서, 689면. 이에 따르면, 숙련된 의료진이 재난 현장에 부재하거나 도착한 후에도 모든 희생자에게 즉각적 처치를 할 수 없을 가능성이 있음을 지역사회의 책임 주체인 용산구청이 일차적으로 인지해 대비했어야 하며, 서울특별시가 지방자치단체의 이러한 대비를 관리하고, 또한 유관 기관인 소방, 경찰, 보건기관이 미리 협의해 대비했어야 했다는 것이다.
05 국정조사 보고서, 710면.

관계없이 유연하게 대응할 수 있는 통합적 재난관리 체계를 구축함으로써 현재 재난 유형별 매뉴얼 위주의 분산형 재난 대응 체계에서 탈피해야 한다는 것[06]이다. 구체적으로는, 재난관리기본계획(재난 및 안전관리 기본법 제22조), 위기관리 매뉴얼(같은 법 제34조의5), 기능별 재난대응 활동계획(같은 법 제34조의4)과 같은 계획 및 매뉴얼들은 재난 대응이라는 공통점이 있음에도 불구하고 상호 관계가 명시돼 있지 않고 개별적인 문서로 존재하므로, 이들을 재난관리책임기관 사이의 수직적·수평적 연계성을 확보하고 통합적으로 관리될 수 있도록 전면적으로 개편해야 한다는 것[07]이다.

나아가 재난관리 영역이 광범위해 현행 법체계상 재난 발생 시 관할권의 결정이 어렵고 재난관리 사무가 자치사무로 돼 있는 경우가 제한적이어서 예방과 초기 대응의 한계가 있을 수 있다는 지적[08]이 있었다. 구체적으로, 재난관리에 관련되는 사무 중「지방자치법」상 ① 감염병과 그 밖의 질병의 예방과 방역, ② 가축전염병 예방, ③ 재해대책의 수립 및 집행, ④ 지역의 화재 예방·경계·진압·조사 및 구조·구급이 자치사무로 규정돼 있어, 예를 들어 '감염병'과 같은 질병의 예방과 방역 및 가축전염병의 예방은 자치사무인데 가축전염병에 대한 방역은 국가사무로 돼 있다는 점이다. 그러나 현재 감염병의 확산 등과 같은 사태가 발생하는 경우에 지방자치단체 차원에서 선제적으로 조치를 취할 수 있는 방법은 없다고 할 수

---

06 국정조사 보고서, 711면.
07 예를 들어, 기능별 재난대응 활동계획은 다양한 유형의 재난에 공통적으로 적용되는 기능들을 체계화해 재난의 유형에 구분 없이 탄력적으로 대응하기 위해 도입한 제도이지만 재난관리기본계획이나 위기관리 매뉴얼과 연계성이 없고 구체적인 절차나 지침이 미비해 재난 대응 시 활용에 한계가 있으므로, 이에 대한 작성 책임을 재난관리책임기관에서 해당 부처 주무 장관으로 변경하는 등의 조치가 필요다고 한다. 국정조사 보고서, 712면.
08 국정조사 보고서, 826면.

있다는 것이다. 현실적으로는 재난관리주관기관인 보건복지부, 질병관리청의 감염병 위기 단계에 따라 사후적으로 대처할 수밖에 없으므로 지방자치단체의 역량만으로 사전적·적극적으로 지역재난안전대책본부를 설치·운영하기 위한 제도적 바탕이 필요하다는 것이다.

## 2) 보충성과 연대성

### (1) 관련 법령 체계의 검토

시·도지사는 관할 구역에서 재난이 발생하거나 발생할 우려가 있어 인명 또는 재산의 피해 정도가 매우 크고 그 영향이 광범위하거나 광범위할 것으로 예상돼 시·도지사가 응급조치가 필요하다고 인정하는 경우 또는 둘 이상의 시·군·구에 걸쳐 재난이 발생하거나 발생할 우려가 있는 경우에는 「재난 및 안전관리 기본법」 제39조부터 제45조까지에서 개별적으로 규정하고 있는 동원명령(같은 법 제39조), 대피명령(같은 법 제40조), 위험구역의 설정(같은 법 제41조), 강제 대피(같은 법 제42조), 통행 제한(같은 법 제43조), 응원(같은 법 제44조), 응급 부담(같은 법 제45조)과 같은 조치를 취할 수 있다(같은 법 제46조 제1항 및 같은 법 시행령 제53조). 이를 위해 필요한 경우에는 응급조치를 해야 할 시장·군수·구청장에게 필요한 지시를 하거나 다른 시장·군수·구청장에게 응원을 요청할 수 있다(같은 법 제46조 제2항).

이와 관련해 시·도지사의 응급조치권에는 「재난 및 안전관리 기본법」 제37조 제1항이 제외돼 있으므로 해당 응급조치들은 기초지방자치단체에서 실시하도록 돼 있다는 점을 유의해야 할 것이다. 예를 들어 둘 이상의 기초지방자치단체에 걸쳐 재난이 발생한 경우 「재난 및 안전관리 기본법」 제37조 제1항 제5호에 따른 긴급피난처 및 구호품의 확보는 각 기초지방자치단체별로 개별적으로 이뤄져야 하며, 광역지방자치단체의 차원에서는 긴급피난처 및 구호품의 확보가 이뤄지지 않을 수 있다는 점이다.

나아가 「재난 및 안전관리 기본법」 제46조에서는 제39조부터 제45조까지의 규정과는 달리 시·도재난안전대책본부의 본부장이 아닌 시·도지사만이 이러한 응급조치를 취할 수 있는 것으로 명시하고 있어 해석상 응급조치의 주체에 대해 혼란[09]이 발생할 여지가 있다.

### (2) 개선 방안

미국의 경우에는 보충성(subsidiarity)과 연대성(solidarity)의 원칙을 바탕으로 재난에 대한 대응은 현장을 중심으로 이뤄지며, 지역정부를 비롯한 주정부 및 연방정부는 현장의 자원 등에 대한 지원 요청에 따라 필요한 자원을 제공하는 역할을 수행하는 보충성과 연대성에 기초한 체계를 수립하고 있다. 이에 따라 재난이 발생하거나 발생할 우려가 있으면 원칙적으로 해당 지역의 재난담당자들이 대응을 개시하지만 그 재난의 규모가 크거나 복잡한 경우에는 해당 지역의 재난대응본부(Local EOC)가 운영을 개시한다. 만일 해당 지역의 자원만으로 재난에 대응하기 어려운 경우에는 기존의 상호 지원 협정 등을 바탕으로 인근 지역의 자원을 제공받고, 이러한 자원의 제공 필요를 지원하기 위해 주정부의 재난대응본부(State EOC)가 설치되는 것이다. 나아가 자원의 필요가 주정부의 역량을

---

09 「재난 및 안전관리 기본법」에서는 지방자치단체의 장과 지역재난안전대책본부의 본부장을 구분하고 있으며, 지방자치단체의 장에게 응급조치의 권한을 부여하는 것은 지역의 재난안전대책본부가 설치되기 전에도 일련의 응급조치를 취할 수 있도록 하고 있는 것으로 여겨지는데, 위와 같은 규정은 시·도의 재난안전대책본부가 설치되면 해당 재난안전대책본부는 응급조치를 취할 수 없는 것으로 해석될 수 있다.

초과하는 등의 경우에는 연방정부가 지원하는 순서로 이뤄진다.[10] 즉, 연대성의 원칙에 따라 재난에 관계된 모든 기관이 협력을 하지만 보충성의 원칙에 따라 일차적인 관할권을 가진 기관의 역량으로 재난에 대응하기 어려운 경우에 그보다 상위의 기관들이 재난의 대응에 참여하며, 그 역할 또한 필요한 자원의 제공에 한정된다는 것으로 정리할 수 있을 것이다.

특히 미국의 경우에는 지역에서 발생한 재난에 대해 '지역의 요청'에 따라 주정부가 필요한 자원을 제공하고 기술적 지원 등을 행하는 것[11]으로 하여 원칙적으로 주정부를 비롯한 상위 기관들의 개입에 대한 판단은 일차적으로 해당 지역에서 이뤄지고 그에 대해 상위 기관에서 다시 판단하도록 하고 있음에 비해 우리나라의 경우에는 시·도지사가 바로 응급조치의 실시 여부를 판단하도록 규정(재난 및 안전관리 기본법 제46조 제1항 및 같은 법 시행령 제53조)하고 있음 또한 유의해야 할 것이다.[12]

이에 대해 현재의 「재난 및 안전관리 기본법」에서는 각 재난안전대책본부 사이의 업무 관계에 대해 보충성의 원칙에 따른 규정을 두고 있으나, 실제 이태원 참사와 같이 급박한 상황 속에서 종종 각 재난안전대책본부 사이에서 혼란이 발생했던 경우[13]가 있었으므로 위와 같은 미국의 경우를 참고해 시·도와 시·군·구 재난안전대책본부의 응급조치 등에 대

---

10 FEMA, National Incident Management System, 2017, p. 47.
11 Homeland Security, National Response Framework, 2019, p. 31.
12 즉, 우리나라의 경우에는, 실무적으로 기초지방자치단체에서 요청이 있을 수도 있지만 원칙적으로 광역 지방자치단체에서의 판단에 따라 재난에의 대응 여부가 결정될 것이다. 이는 판단에 소요되는 시간을 단축시킬 수도 있지만, 현장 상황에 대한 중첩적인 관여(중복되는 정보 제공 요청, 상충되는 지시 등)를 야기할 우려가 있으며 경우에 따라서는 과다한 지원이 집중돼 다른 현장에는 자원이 부족하게 되는 상황이 발생할 수 있다.
13 예를 들어, 2014년 10월에 판교테크노밸리 축제 도중 발생한 추락사고에 대해 경기도와 성남시에 각각 지역재난안전대책본부를 설치했으나, 그의 수습 과정에서 원활한 협조가 이뤄지지는 않았던 경우(경인일보, 「[판교 환풍구 추락 사고] 제 기능 못한 '경기도 컨트롤타워'」, 2014. 10. 20.) 등을 들 수 있을 것이다.

한 업무 관계를 좀 더 명확하게 구분해 정립할 필요가 있다.

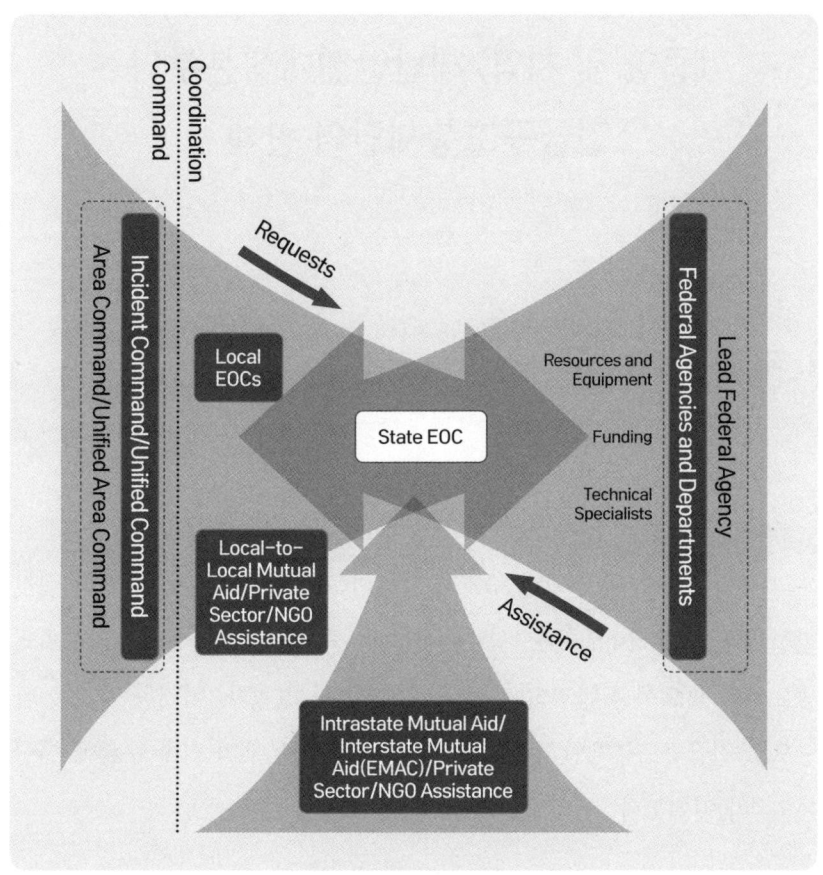

[그림 1] 미국 지역 및 주 재난대응본부(EOC)와 현장지휘(IC, UC)와의 업무 관계[14]

---

14 FEMA, National Incident Management System, 2017, p. 48, Figure 10.

# 14

# (중앙 및 지역) 재난안전대책본부와 긴급구조통제단의 관계

10.29. Disaster

## 1) 국정조사 결과

### (1) 문제점

먼저, 재난관리 업무를 총괄·조정하도록 규정된 중앙재난안전대책본부의 역할은 소방의 원활한 구조가 가능하도록 주변 상황을 통제하는 것까지 포함하는 의미임에도, 정부는 신속한 중앙재난안전대책본부 설치의 중요성과 필요성을 간과하고 있다는 지적[01]이 있었다. 이러한 지적을 바탕으로 긴급구조통제단의 역할과 재난안전대책본부의 역할 구분에 대한 논의[02]가 이뤄졌다.

### (2) 재발 방지를 위한 대책

국정조사에서는 행정안전부가 참사 직후 중앙재난안전대책본부를 즉시 구성하지 않아 소방·경찰 등 유관기관 간의 협조가 원활히 이뤄지지

---

01 국정조사 보고서, 616면.
02 국정조사 보고서, 168, 169면.

않은 것이 피해의 규모를 키웠다는 지적[03] 등과 같이 긴급구조와 사태 수습에 대한 책임의 귀속 주체가 어디인지에 대한 사항들은 다뤄졌으나, 이를 명확히 구분하는 등과 같은 개선 방안에 대해서는 구체적인 대책이 제시되지는 않은 것으로 여겨진다.

(3) 전문가 의견

중앙부처, 지방행정기관, 경찰청(서), 소방서, 서울교통공사 등 유관 기관 간의 협업이 미흡하다는 점을 바탕으로 각 기관의 책임과 권리를 명확히 구분하고 협업이 확실히 이뤄질 수 있도록 법·제도적 뒷받침이 필요하며, 112, 119의 통합 또는 정보의 공유를 통한 재난안전 관련 유관 기관 간의 협업 체계 강화를 주장하는 견해[04]가 제기됐다.

또한, 사고 현장에서의 지휘권은 긴급구조통제단장으로 일원화하고 있다고 하더라도, 긴급구조 단계에서 긴급구조 전반에 대한 중앙재난안전대책본부의 총괄·조정 기능이나 중앙사고수습본부의 초동 조치 및 지휘, 인력 등 필요한 지원 요청 등을 할 수 있는 것이므로 중앙재난안전대책본부나 중앙사고수습본부가 긴급구조 단계에서 아무런 역할을 하지 말라는 것은 아니라는 견해[05]가 제기됐으며, 이에 더해 「재난 및 안전관리 기본법」에서는 긴급구조통제단의 재난 현장에서 이뤄지는 인명의 구조

---

[03] 국정조사 보고서, 628면.
[04] 국정조사 보고서, 762면.
[05] 국정조사 보고서, 801면. 이러한 견해에서는 긴급구조 단계에서 중앙재난안전대책본부 및 중앙사고수습본부가 관여하지 않는다면 재난 및 안전관리 업무의 총괄·조정은 행정안전부 장관이 수행한다는 「재난 및 안전관리 기본법」 제6조에 해당 내용의 단서를 신설해야 하며, 그렇지 않은 현행의 체계에서는 행정안전부 장관이 중앙재난안전대책본부와 중앙사고수습본부를 설치하지 않은 것은 "긴급구조의 책임을 다하지 않은 것으로 직무를 유기한 것"이라는 결론을 제시하고 있다. 국정조사 보고서, 802면.

를 중심으로 추가 재난의 방지를 위한 응급조치를 규정하고 있는데, 이는 다양한 모습으로 이뤄지는 재난 현장에 신속하게 대응하기에는 어려움이 있을 것으로 여겨진다는 지적[06]이 있었다.

### 2) 재난안전대책본부와 긴급구조통제단의 업무 관계

#### (1) 관련 법령 체계의 검토

「재난 및 안전관리 기본법」에서는 대규모 재난의 대응·복구 등에 관한 사항을 총괄·조정하고 필요한 조치를 취하기 위해 중앙재난안전대책본부를 설치한다고 규정(같은 법 제14조 제1항)하고, 대규모 재난을 효율적으로 수습하기 위해 관계 재난관리책임기관의 장에게 행정 및 재정상의 조치, 소속 직원의 파견, 그 밖에 필요한 지원을 요청할 수 있다고 규정(같은 법 제15조 제1항)하고 있으나 구체적으로 어떠한 업무를 수행하는지에 대해서는 제39조 이하의 응급조치 이외에 특별한 규정을 두고 있지 않아 그 업무 범위를 쉽게 파악하기 어렵다. 다만, 「중앙재난안전대책본부 구성 및 운영 등에 관한 규정」[별표 1]에서 규정하고 있는 중앙재난안전대책본부 실무반의 업무를 바탕으로 살펴보면 이태원 참사와 같은 사회재난의 경우는 〈표 1〉과 같은 업무를 수행한다.

---

06 국정조사 보고서, 825면.

〈표 1〉 중앙재난안전대책본부의 업무

| 시간 | 신고 내용 | 대응 |
|---|---|---|
| 가. 상황관리총괄반 | 1) 상황관리 총괄팀 | 가) 재난상황대처보고서 작성·보고<br>나) 재난 현장 수습상황관리 총괄<br>다) 대통령·국무총리 및 중앙대책본부장 등 특별 지시 사항 처리 |
| | 2) 수습상황 파악팀 | 가) 재난 발생 현황, 구조 인력·장비 투입 현황 파악<br>나) 인명 및 재산 피해 상황 파악<br>다) 수습본부, 지역대책본부, 중앙통제단 및 지역통제단 등 조치 사항 파악<br>라) 재난관리책임기관 및 관계 기관 대처 상황 파악 |
| 나. 협업기능반 | 1) 긴급생활 안정 지원반 | 가) 재난지원금 및 생활 안정 지원 상황 관리와 홍보·지급 독려<br>나) 이재민 발생 상황 파악·관리(수용·급식 등)<br>다) 재해구호물자 확보, 비축 상황 관리 및 신속한 지원·조정<br>라) 피해주민 불편 사항 해소를 위한 긴급대책 및 생활 안정을 위한 단기 대책 등 지원<br>마) 이재민 구호비용(재난지원금, 재해구호기금) 사용 현황 파악<br>바) 재난 구호활동 상황 및 구호물품 지원 상황 파악<br>사) 사망·실종자 유족 대책, 응급생계구호 업무<br>아) 부처별 긴급생활 안정지원정책 확인 및 시행 |
| | 2) 재난현장 환경 정비반 | 가) 육상 및 해상의 환경오염물질(재난폐기물, 위험물 등) 피해 상황 및 처리 실태·관리<br>나) 육상 및 해상의 환경오염물질 처리를 위한 인력·장비·자재 등 지원<br>다) 재난쓰레기 수거 처리 및 적환장(운동장, 공원, 폐기물처리시설 등 쓰레기를 임시로 모아둘 수 있는 곳) 설치·운영지도·확인<br>라) 중앙행정기관 및 지방자치단체별 복구 현황 파악 |

| | | |
|---|---|---|
| 나. 협업 기능반 | 3) 긴급통신 지원반 | 가) 통신시설 피해 및 긴급 복구 상황 파악<br>나) 전력시설 파괴로 인한 통신시설 전력 공급 대책 마련 지원<br>다) 통신기반시설 긴급복구 지원<br>라) 중앙행정기관 및 지방자치단체별 복구 현황 파악<br>마) 국가재난관리시스템 교육 등 시스템 운영 지원 |
| | 4) 시설피해 응급 복구반 | 가) 공공·사유시설 피해 및 응급복구 상황 파악<br>나) 공공·사유시설 응급 복구를 위한 인력·장비 및 자재 등 지원<br>다) 중앙행정기관 및 지방자치단체별 응급복구 현황 파악 |
| | 5) 에너지 공급 피해 시설 기능 복구반 | 가) 국민생활 밀착형 시설(가스, 전기, 유류시설 등) 피해 상황 파악<br>나) 시설 긴급복구 상황 파악<br>다) 시설 긴급복구를 위한 인력·장비·자재 등 지원<br>라) 중앙행정기관 및 지방자치단체별 복구 현황 파악<br>마) 인명구조 현장, 이재민 수용시설의 에너지 공급 지원<br>바) 에너지 단절 시 국민행동요령 등 홍보 실시 |
| | 6) 재난수습 홍보반 | 가) 재난 상황별 국민행동요령 홍보<br>나) 텔레비전·라디오 등의 매체를 활용한 재난 예보 및 경보 실시 사항 등 전파<br>다) 각종 보도자료 작성·배포 및 재난 현장 취재 지원<br>라) 중앙행정기관 및 지방자치단체 홍보담당관 관리 및 운영<br>마) 재난 관련 보도자료 취합 및 배포<br>바) 언론 발표 준비·실시 및 언론사 인터뷰 실시<br>사) 취재지원센터 운영(언론 연락 체계 유지 및 취재 지원)<br>아) 방송 및 언론 보도 모니터링<br>자) 사회관계망 서비스, 홈페이지 등 온라인 홍보 및 모니터링<br>차) 오보, 유언비어 확인 및 대응<br>카) 현장과 지역대책본부, 수습본부 및 재난수습홍보반과의 연락망 구축을 통한 공유·협조 체계 구축 |

| | | |
|---|---|---|
| 나. 협업 기능 반 | 7) 재난관리 자원 및 자원봉사 지원반 | 가) 재난관리자원(장비, 물자, 자재 및 시설) 사전점검, 재난관리자원 공동 활용 시스템 현행화 및 운영<br>나) 피해지역의 재난관리자원 부족 현황 파악<br>다) 피해 상황에 따른 민간 지원 응원<br>라) 다른 지역의 장비·자재를 피해지역에 부족한 장비·자재로 활용하도록 지원<br>마) 재난관리자원의 비축, 응원 및 사용 현황 파악<br>바) 자원봉사자 투입 현황 파악 및 관리<br>사) 자원봉사활동 조정 지원<br>아) 자원봉사활동에 필요한 행정적 지원 |
| | 8) 교통 대책반 | 가) 재난발생지역 육상, 해상 및 항공 통제 현황 파악<br>나) 육상, 해상 및 항공 통제 상황 모니터링<br>다) 교통 두절지역 파악 및 우회도로 개설 지원<br>라) 육상, 해상 및 항공 분야 긴급수송 지원<br>마) 지하철·철도 운행 중단 시 대체 수단 투입, 증편·연장 운영 현황 파악 |
| | 9) 의료·방역 서비스 지원반 | 가) 재난 발생지역 의료·방역 서비스 제공에 관한 현황 파악<br>나) 재난 발생지역 의료·방역 자원 배분 현황 파악 및 조정<br>다) 비상방역 실시 현황 파악<br>라) 부상자 의료 지원 및 재난지역 방역 실시<br>마) 침수지역 및 이재민 집단급식소·위생관리 지도·확인<br>바) 감염병 예방을 위한 방역 소독 및 기동방역반 편성·운영<br>사) 응급의료 지원 체계 신속 가동 |
| | 10) 사회질서 유지반 | 가) 재난 발생지역 출입 제한 및 차량 운행 통제<br>나) 지역주민 불편 최소화를 위한 우회도로 홍보<br>다) 재난 발생지역 주민 혼란 방지를 위한 사회질서 유지 및 안전관리 지원 |
| | 11) 수색, 구조· 구급반 | 가) 재난지역(육상·해상) 수색·구조·구급 상황 파악 및 지원<br>나) 중앙통제단, 지역통제단 운영 및 인명구조 현황 파악 등 |

| | |
|---|---|
| | 다) 재난 현장의 특성 및 2차 피해 발생 여부 등에 대한 정보 제공<br>라) 화학물질 유출 등으로 인한 접근 곤란 지역 인명구조·대피계획 확인 및 현황 파악 |
| 다. 관계 재난관리책임<br>기관 지원반 | 1) 중앙대책본부와 수습본부 간 연락관 업무 수행<br>2) 피해 현황 및 대처 사항 파악<br>3) 중앙대책본부 차원의 협조 필요 사항 파악<br>4) 협업기능반 업무 보조 |
| 라. 현장지원반 | 수습본부, 지역대책본부 및 재난수습 현장 파견 및 지원 |

이에 대해 「재난 및 안전관리 기본법」이 규정하고 있는 긴급구조통제단의 업무는 다음과 같다(같은 법 제52조 제2항).

① 재난 현장에서 인명의 탐색·구조
② 긴급구조기관 및 긴급구조지원기관의 인력·장비의 배치와 운용
③ 추가 재난의 방지를 위한 응급조치
④ 긴급구조지원기관 및 자원봉사자 등에 대한 임무의 부여
⑤ 사상자의 응급처치 및 의료기관으로의 이송
⑥ 긴급구조에 필요한 물자의 관리
⑦ 현장 접근 통제, 현장 주변의 교통 정리, 그 밖에 긴급구조활동을 효율적으로 하기 위해 필요한 사항

특히 이태원 참사의 경우에는 참사 현장의 통제에 관해 긴급구조통제단의 "현장 접근 통제, 현장 주변의 교통 정리, 그 밖에 긴급구조활동을 효율적으로 하기 위해 필요한 사항"에 대한 지휘 권한과, 중앙재난안전대책본부의 "재난 발생지역 출입 제한 및 차량 운행통제, 재난 발생지역 주

민 혼란 방지를 위한 사회질서 유지 및 안전관리 지원" 업무가 어떠한 관계가 있는지, 나아가 「재난 및 안전관리 기본법」에서 재난 현장 일대를 통제하기 위한 각종 응급조치(예를 들어, 같은 법 제43조에서는 '진화·구조 등을 지원하기 위해 경찰관서의 장에게 도로의 구간을 지정해 차량의 통행을 금지하거나 요청할 수 있도록 규정하고 있다)와의 관계가 문제될 수 있다.

### (2) 개선 방안

**현장지휘와 관련한 문제점 – 이태원 참사 관련, 현장의 교통 및 인파 통제를 누가 해야 하는지?**

○ 재난안전대책본부
- 응급조치
  - 위험구역을 설정해 위험구역에의 출입 등 행위의 제한, 퇴거 또는 대피명령(재난 안 전관리 기본법 제41조)
  - 해석상 응급조치는 재난사태가 선포돼야 취할 수 있는 것으로 해석될 가능성이 있다는 문제가 제기될 수 있음.
- 실무반의 업무
  - 재난 발생지역 출입 제한 및 차량 운행통제(중앙재난안전대책본부 구성 및 운영 등에 관한 규정 [별표 1])
  - 재난사태가 선포되지 않아 응급조치를 취할 수 없는 경우에도 '훈령'에 의해 기본권을 제한하는 조치를 취할 수 있는 것인지의 여부가 문제될 수 있음.

○ (보건복지부)중앙사고수습본부
- 재난 및 사고 초동 조치 및 지휘 등 수습 업무(보건복지부 중앙사고 수습본부 설치 및 운영에 관한 규정)
- 재난 현장의 인파, 교통통제 등의 권한이 포함되는지의 여부가 문제될 수 있으며, 특히 '지휘 등 수습 업무'에 긴급구조통제단 또는 경찰 등에 대한 지휘권이 포함될 수 있는지의 여부가 문제될 수 있음.

○ 긴급구조통제단
- 현장 접근 통제, 현장 주변의 교통 정리, 그 밖에 긴급구조활동을 효율적으로 하기 위해 필요한 사항에 대한 현장지휘(재난 및 안전관리 기본법 제52조 제2항 제7호)
- 치안활동과 관련된 사항이므로 관할 경찰관서의 장과 협의해야 하는지의 문제가 제기될 수 있음(재난 및 안전관리 기본법 제52조 제1항 단서).
- 현실적으로 긴급구조통제단이 교통통제 등에 대한 사항까지 파악하기 어렵다는 점[07] 또한 문제될 수 있음.

○ 경찰청
- 자치경찰의 사무로서의 지역 내 다중운집 행사 관련 혼잡 교통 및 안전관리(국가경찰과 자치경찰의 조직 및 운영에 관한 법률 제4조 제1항 제2호)
- 상황 전파의 어려움 등으로 인해 긴급구조통제단과의 협의가 이뤄지지 않는 경우에 대한 대비가 미흡하는 문제가 제기될 수 있음.[08]

현장 접근의 통제는 긴급구조통제단 또는 중앙재난안전대책본부[09] 모두 가능한 것으로 여겨진다.[10] 이러한 문제는 중앙재난안전대책본부의 역할과 긴급구조통제단의 역할이 일부 중첩되는 부분이 있기 때문이라고 여겨지며, 따라서 양자의 관계를 좀 더 효율적으로 정리할 필요가 있다.

우리나라의 재난안전대책본부와 비슷한 지위를 가지고 있다고 여겨지는 미국의 재난대응본부(EOC)의 경우를 살펴보면 다음과 같다. 먼저 재난대응본부는 현장지휘관과 일선 대응자들에게 통합적인 지원을 제공하

---

[07] 국정조사 보고서, 311면.
[08] 행정안전부는 경찰청에 대해 주요 정책에 대한 사항(국가경찰과 자치경찰의 조직 및 운영에 관한 법률 제7조 및 제10조 참조)을 제외한 구체적인 업무 수행에 대해서는 통제를 할 수 없다.
[09] 중앙재난안전대책본부의 지휘를 받는 지역재난안전대책본부의 경우에도 이에 해당된다.
[10] 다만, 앞서 살펴본 것처럼 「재난 및 안전관리 기본법」에서의 응급조치는 재난사태의 선포를 전제로 하고 있다고 볼 수 있기 때문에 이태원 참사에서 중앙재난안전대책본부가 응급조치를 취하지 않은 부분에 대해서는 다소 논의의 여지가 있다.

기 위해 관계 기관의 직원들이 파견돼 설치된다. 재난대응본부는 대피소의 지정이나 구호품 배포 장소의 지정과 같이 일선대응자들의 업무를 함께 수행하기도 하며, 눈사태의 경우에서처럼 현장지휘소가 설치되지 않는 경우에는 직접 재난의 대응을 위한 지시를 내릴 수도 있다. 이러한 재난대응본부의 기본적인 업무는 ① 정보의 수집, 분석 및 공유, ② 자원의 필요와 요청에 따른 지원(자원의 배분 등이 포함된다), ③ 계획의 조정 및 현재와 장래의 필요에 대한 판단, ④ 경우에 따른 조정 및 정책적 지시로 이뤄져 있다.[11] 나아가 재난대응본부와는 별개로 기관 간 협력단(Multiagency Coordination Group: MAC Group)이 설치돼 재난의 대응을 지원하기 위한 기관들 사이의 협의 및 조정이 이뤄지기도 한다.[12] 이에 대해 현장지휘는 단일한 지휘관 또는 통합지휘부(Unified Command)에 의해 이뤄지는데, 통합지휘부는 경찰, 소방, 보건 등의 관할 기관으로 구성되며,[13] 재난의 대응을 위한 목표를 설정하고, 이를 달성하기 위한 방안을 수립하며, 이를 위한 지휘권을 수립한다.[14]

즉, 미국의 경우에는 원칙적으로 재난 현장에서 대응이 이뤄지는 것을 원칙으로 하며, 재난대응본부에서는 재난의 대응을 위한 각종 자원의 제공 등을 통한 지원에 중점을 두고 있다고 할 것이다. 앞서 살펴본 것처럼 현재의 「재난 및 안전관리 기본법」에서는 재난안전대책본부와 긴급구조통제단의 기능이 중첩되는 등의 이유로 대응하는 데 혼란이 발생하는 경우가 있으므로 미국의 사례를 바탕으로 긴급구조통제단과 재난안전대책

---

11 FEMA, National Incident Management System, 2017, p. 35.
12 FEMA, National Incident Management System, 2017, p. 40.
13 FEMA, National Incident Management System, 2017, p. 26.
14 FEMA, National Incident Management System, 2017, pp. 21, 22.

본의 지위 및 기능을 명확히 정리해 효율적인 재난 대응이 이뤄지도록 하는 방안을 검토할 필요가 있다.

또한 「재난 및 안전관리 기본법」에 의한 응급조치와 관련해 재난의 수습을 위해 구체적으로 어떠한 역할을 할 수 있는지에 대해서 검토할 필요가 있다. 예를 들어, 「중앙재난안전대책본부 구성 및 운영 등에 관한 규정」 [별표 1]에서 규정하고 있는 재난 발생지역 출입 제한 및 차량 운행통제는 「재난 및 안전관리 기본법」 제41조의 위험구역의 설정이나 제43조의 통행 제한과 같은 효과를 가져올 수 있는 것으로 여겨지는데, 제36조의 재난사태를 선포하지 않은 상태에서 재난안전대책본부가 이러한 법상의 응급조치를 취할 수 있는 것인지와 같은 문제[15]도 정리해야 할 것이다.

---

[15] 또한 다음에서 볼 수 있는 것처럼, 재난 피해자에 대한 의료 지원은 해당 지역의 보건소도 관여하게 될 수 있는데 「재난 및 안전관리 기본법」에서는 이에 대해 명시적인 규율을 하고 있지 않다는 점도 문제될 수 있다고 여겨진다.

## 15

# 긴급구조통제단의 역할

10.29. Disaster

## 1) 긴급구조통제단과 재난의료지원팀(DMAT)의 관계

(1) 국정조사 결과

① 문제점

국정조사에서는 소방청과 재난의료지원팀(DMAT)의 유기적 협력 체계 미비 등으로 사망자 및 중증도 분류가 신속하게 이뤄지지 않았고, 이로 인해 사망자가 더욱 발생했다는 의견이 있으므로 향후 현장 응급의료 대응이 신속하고 적기(適期)에 이뤄질 수 있도록 체계 개선이 필요하다는 지적[01]이 있었다.

② 재발 방지를 위한 대책

국정조사 결과, 재난 발생 시 부상자·희생자의 분산 이송이 원활히 이뤄질 수 있도록 중앙응급의료센터(중앙응급의료상황실)·소방본부상황실·소

---
[01] 국정조사 보고서, 609면.

방구급대 등 유관 기관 간 여유 병상 숫자 등의 정보를 실시간으로 확인할 수 있는 시스템을 마련할 필요가 있다는 점[02]이 제기됐다.

③ 전문가 의견

재난 대응의 기본 주체와 시도, 지자체, 소방, 경찰, 보건소 등 유관 기관 간 유기적이고 효율적인 대비 및 반응이 부족했다는 점을 지적하는 의견[03]이 있었다. 이는 각 기관별로 재난 대비 및 반응에 관한 계획(매뉴얼, 지침) 등이 있다고 하더라도 여러 유관 기관을 동시에 연계하는 통합 재난 대비 및 반응에 관한 계획(매뉴얼, 지침)이 없으며, 특히 재난 희생자 발생 시 의료서비스에 연계하는 구체적인 지침이 부족하다는 점에 기인한다는 것이다. 따라서 이러한 재난 대비 및 대응의 개선을 위해 각 기관별 재난 대비 및 대응 계획(매뉴얼, 지침) 이외에 관련 기관을 아우르고 의료 연계까지 포함하는 통합 재난 대비 및 반응 계획(매뉴얼, 지침)을 개발할 필요가 있다는 견해[04]를 제시했다.

---

[02] 국정조사 보고서, 642면; 또한 현행 재난응급의료 대응 체계상 현장응급의료소장은 법률에 따라 보건소장이 맡게 되지만, 재난응급의료에 관한 학식이나 경험이 없어 출동한 DMAT 지휘와 현장응급의료소 운영에 많은 문제점이 나타났으므로, 향후 응급의학과 전문의 소방기관 구급지도의사(DMAT 출동 전)와 DMAT 출동 응급의학과 전문의(DMAT 출동 후)의 재난응급의료에 대한 판단과 소견에 따라 현장 재난응급의료 대응을 할 수 있도록 관련 보건복지부 매뉴얼의 개선이 필요한 점도 제기됐다. 국정조사 보고서, 643면.
[03] 국정조사 보고서, 691면.
[04] 국정조사 보고서, 700면에서도 재난 관계기관 사이의 '상호운용성' 확보를 위한 대비(대응) 체계 구축의 필요성을 바탕으로 고유 업무에 관한 전문성을 고려해 법상의 협력 의무를 강화할 필요성과 매뉴얼의 통합성을 강화해야 한다는 주장이 제기됐다.

### (2) 119구조·구급에 관한 법률과 응급의료에 관한 법률

① 관련 법령 체계의 검토

재난 현장의 피해자 구조 및 치료에 대해서는 「재난 및 안전관리 기본법」과 「119 구조·구급에 관한 법률」, 「응급의료에 관한 법률」이 중첩적으로 적용된다.

먼저 「재난 및 안전관리 기본법」은 긴급구조통제단의 현장지휘 사항의 하나로 사상자의 응급처치 및 의료기관으로의 이송(같은 법 제52조 제1항 제7호)을 규정하고 있으며, 이에 따라 「119 구조·구급에 관한 법률」에서는 소방청장 등은 위급 상황이 발생한 때에는 구조·구급대를 현장에 신속하게 출동시켜 인명구조, 응급처치 및 구급차 등의 이송, 그 밖에 필요한 활동을 하도록 규정(같은 법 제13조 제1항)하며, 이를 위해 필요한 경우에는 시·도지사 또는 시장·군수·구청장에게 협력을 요청하도록 규정(같은 법 제14조)하고 있다. 이와 관련해 「응급의료에 관한 법률」에서는 응급환자 등을 이송하는 자는 특별한 사유가 없는 한 보건복지부령으로 정하는 방법에 따라 이송하고자 하는 응급의료기관의 응급환자 수용 능력을 확인하도록 규정(같은 법 제48조의2)하고 있다.

즉, 관련 법령에서는 긴급구조통제단장 - 지역재난안전대책본부장 - 응급의료기관으로 이어지는 협력 체계가 구축돼 있다고 보임에도 불구하고 이태원 참사의 경우에는 현장의 긴급구조통제단에서 응급실 등의 상황을 파악하지 못해 가장 가까운 병원에 긴급을 요하는 부상자 아닌 사망자가 집중됐고, 응급의료지원팀의 경우에는 그 신분상의 문제로 인해 현장에의 접근이나 현장에서의 응급처치에 지장을 받았다는 문제가 발생했다는 점은 관련 법령의 정비가 필요하다는 사실을 보여준다.

② 개선 방안

먼저 재난관리 체계와 응급의료 체계를 통합적인 관점에서 이해할 필요가 있다고 할 것이다. 「응급의료에 관한 법률」은 재난 상황만을 상정한 것이 아니라 그 밖의 응급 상황을 모두 포괄하는 법률이라는 점에서 「재난 및 안전관리에 관한 기본법」과는 독립된 체계를 구축하고 있다고 여겨진다.

그렇지만 이태원 참사에서 볼 수 있는 것처럼 재난관리 체계와 분리돼 있는 경우에는 재난 현장에서 지역재난안전대책본부 소속으로 대응하는 보건소의 의료 인력과, 긴급구조통제단의 일원인 119 소방대원 및 응급의료기관 소속인 재난의료지원팀 사이에 원활한 협력 체계가 구축되지 않아 환자의 분류, 응급처치 및 환자의 이송에서 혼란이 발생할 여지가 있다.[05] 따라서 앞서의 개선 방안들이나 전문가들의 개선 의견에 더해 각 법령 사이의 연결성을 확보할 필요가 있다.

---

[05] 특히 긴급구조통제단장이라고 할 수 있는 소방청장 등이 협력을 요청할 수 있는 상대방이 시·도지사 또는 시장·군수·구청장으로 한정돼 있다는 점은 응급의료기관과의 직접적인 협력에 어려움을 야기할 것이다.

## 2) 긴급구조기관인 소방과 긴급구조지원기관인 경찰과의 관계
### - 서울소방재난본부와 서울경찰청의 재난 시 바람직한 역할은?

(1) 국정조사 결과

① 문제점

국정조사에서는 참사 당일 소방청장 직무대리는 중앙통제단장으로서 119 종합상황실을 통해 "구조·구급 진입 어렵다, 환자 이송 지연되고 있다. 현장 통제 안 된다, 차량 통제 안 된다, 경력 지원해 달라" 등 여덟 차례 경찰에 협조를 요청했다는 점을 바탕으로 소방의 지원 요청에 따라 경찰 등 유관 기관들의 지원이 적시에 이뤄졌다면 한 명이라도 더 많은 국민을 구할 수 있었을 것이라는 지적[06]이 있었다.

② 재발 방지를 위한 대책

국정조사 결과 유관 기관 사이에서 협력이 미흡했다는 지적은 여러 차례 제기됐으나,[07] 다중인파 행사에 관한 업무는 법률상으로는 자치경찰의 업무이나 지방자치단체-자치경찰 간의 경계가 모호하므로, 장기적으로 자치경찰 제도의 개선을 통해 업무의 경계를 명확히 하는 방안을 고려할 필요가 있다는 점[08] 이외에는 개선을 위한 특별한 방안은 제시되지 않은 것으로 보인다.

---

06 국정조사 보고서, 609면.
07 국정조사 보고서, 636면 등.
08 국정조사 보고서, 645면.

③ 전문가 의견

우리나라 역사 및 「재난 및 안전관리 기본법」의 체계에 비춰 볼 때, 지방자치단체, 방재부서, 소방당국, 행정안전부 등이 재난관리 임무를 주도적으로 수행하고 있으며, 경찰은 재난 대응과 관련해서는 제한적·부수적인 역할을 수행하는 것으로 이해되고 있다는 견해[09]가 제기됐다. 이에 따르면, 이태원 참사 등과 같은 대형재난이 발생하는 경우 경찰권은 (「재난 및 안전관리 기본법」에 의한 제한적인 권한이자 조치를 벗어나) 「국가경찰과 자치경찰의 조직 및 운영에 관한 법률」 또는 「경찰관 직무집행법」의 법적 근거하에 좀 더 적극적으로 행사해야 한다는 것이다.

「행정안전부 장관의 소속청장 지휘에 관한 규칙」을 통해 행정안전부 장관은 경찰청장으로부터 중요 정책 사항 등의 보고를 받아 치안에 관한 사무를 관장하는 경찰청의 중요 정책 수립에 관해 경찰청장을 직접 지휘할 수 있다는 견해[10]가 제시됐다.

(2) 소방과 경찰 사이의 협력 체계 구축

① 관련 법령의 검토

「재난 및 안전관리 기본법」에는 재난 현장에서는 긴급구조통제단장에게 긴급구조활동의 지휘와 관련해 다양한 권한을 부여하고 있으며, 그러한 현장지휘권에는 현장 접근 통제, 현장 주변의 교통 정리, 그 밖에 긴급구조활동을 효율적으로 하기 위해 필요한 사항(같은 법 제52조 제2항 제7호)

---

09 국정조사 보고서, 699면.
10 국정조사 보고서, 729면.

이 포함돼 있고, 긴급구조지원기관의 장에 대한 지원 요청을 할 수 있다(같은 법 제51조 제2항). 그러나 동시에 현장지휘가 치안활동과 관련되는 경우에는 긴급구조통제단의 장은 관할 경찰관서의 장과 협의하도록 규정(재난 및 안전관리 기본법 제52조 제1항 단서)함으로써 이태원 참사와 같은 경우에 현장을 통제하기 위해서는 경찰의 협력을 받도록 하고 있다.

이와 관련해 앞서 본 것처럼 중앙재난안전대책본부 실무반의 업무 중에 '재난발생지역 출입 제한 및 차량 운행통제'가 포함돼 있으며(중앙재난안전대책본부 구성 및 운영 등에 관한 규정 [별표 1]), 긴급구조통제단장은 긴급구조를 위해 필요한 경우에는 직접 응급조치를 취할 수 있도록 규정(재난 및 안전관리 기본법 제40조 이하)돼 있으나 재난사태가 선포되지 않은 상태에서 이러한 조치 등을 취할 수 있는지의 여부는 확실하지 않으며, 특히 지역 내 교통활동에 관한 사무는 자치경찰의 업무로 하고 있다는 점(국가경찰과 자치경찰의 조직 및 운영에 관한 법률 제4조 제1항 제2호 나목)에 비춰 긴급구조통제단장이 독자적으로 재난 현장의 인파, 차량 등에 대한 통제가 가능하다고 보기에는 어려운 점이 있다.

② 개선 방안

이태원 참사의 경우에 소방과 경찰 사이의 협력이 이뤄지지 않은 가장 큰 이유는 앞에서 살펴본 것처럼 재난 상황에 대한 전파가 제대로 이뤄지지 않았다는 점[11]이라고 할 수 있을 것이다.

이와 관련해 미국의 경우에는 소방과 경찰을 포함한 다양한 관할기관이 재난 현장의 대응에 참여하는 경우에는 이들을 모두 포괄해 협의를 통

---

11 국정조사 보고서, 635면.

해 재난에 대한 대응을 조율할 수 있도록 하는 통합지휘부를 구성하고 있다는 점[12]을 참고할 수 있을 것이다. 즉, 이태원 참사의 경우에는 소방, 경찰 및 의료 보건의 유관 기관들이 현장에서 협력을 하는 데에 어려움을 겪었으므로 이들이 모두 참여하는 현장지휘부를 구성함으로써 좀 더 효율적인 현장의 대응이 이뤄질 수 있을 것이라고 여겨진다.[13] 따라서 미국의 재난지휘체계(ICS)를 참조해 좀 더 유연한 재난 대응 체계를 구성하는 방안을 검토할 필요가 있다.

---

12 FEMA, National Incident Management System, 2017, p. 26.
13 물론, 급박한 상황 속에서 관련 기관들의 협의가 쉽게 이뤄지기에는 어려울 수 있으나, 현행의 체계에서는 지역 또는 중앙재난안전대책본부를 거쳐 협의 또는 조정이 이뤄질 우려가 있으며, 각 단계를 거치는 과정에서 상당한 시간이 소요될 것이다.

## 진상 규명 관련 문제점과 해결책

10.29. Disaster

### 1) 국정조사 결과

(1) 문제점

국정조사를 통한 이태원 참사의 진상 규명은 많은 국민이 보기에는 상당한 미비점을 가지고 있으며, 자료 제출 미흡을 비롯한 정부 당국의 비협조, 짧은 조사 기간 등 애초에 드러난 한계를 뛰어넘는 성과를 내지는 못했다는 점이 지적[01]됐다.

(2) 재발 방지를 위한 대책

국정조사에서는 진상 규명과 관련해, 구조적이고 포괄적인 원인과 책임 규명을 위해 유가족과 생존자가 참여하는 독립적인 조사기구 설치가 필요하다는 점[02]을 지적했다.

---

[01] 국정조사 보고서, 636면.
[02] 국정조사 보고서, 652면.

### (3) 전문가 의견

용산구청의 부실한 대응이 시스템의 문제인지 리더십을 비롯한 개인적 문제인지, 또는 두 가지 또는 기타 다른 요인에 의한 것인지까지에 대한 검토는 추가적인 심층조사가 필요하다는 의견[03]이 제시됐다.

무엇보다 국정조사를 위한 특별위원회가 출범했음에도 불구하고 실질적인 국정조사 일정인 현장조사, 기관 보고, 청문회 일정이 늦어짐에 따라 24일을 허송세월했으며, 2022. 11. 24. 첫 전체회의 이후 2022. 12. 21. 현장조사 개시까지 시간이 있었으므로, 이때 전문가를 위촉해 예비조사를 실시했다면 사전에 쟁점을 명확히 하고 증거조사 과정에 소요되는 시간과 노력을 절감할 수 있었을 것임을 지적하는 견해[04]가 있었다. 이에 따르면, ① 향후 「국정감사 및 조사에 관한 법률」상 예비조사의 절차와 방법을 더욱 구체적으로 정하고 예비조사자에게 일정한 범위의 조사 권한을 부여해 예비조사를 한층 활성화하며, ② 증인 채택을 둘러싼 갈등으로 절차가 지연되는 경우가 많으므로, 교섭단체 간 협의를 통한 증인 채택이 어려울 경우에는 교섭단체 또는 비교섭단체 의석 비율에 따라 증인을 각각 선정하도록 하거나 ③ 국정조사 대상 기관의 자료 미제출, 증인 불출석에 대해서 실효적인 제재 수단을 강구하고 현행 「국회에서의 증언·감정에 관한 법률」 제4조의2에 의한 출석 요구 및 징계 요구 등의 권한을 적극적으로 행사해야 한다는 것이다.

이와 관련해 재난안전관리 실패로부터의 교훈 및 학습에서 조사, 원인 분석, 대책까지는 원활하나 관심과 투자가 원활하지 않아 유사 재난의 반

---

03 국정조사 보고서, 705면.
04 국정조사 보고서, 719면.

복 발생으로 인명·재산 피해가 지속된다는 점을 지적하며, ① 과거의 재난 대응 실패를 미래의 안전을 위한 거울로 활용, ② 유사 재난의 반복 지양 위험(RISK) 기반, ③ 연속성 기반의 재난관리 개념 접근 등을 통해 과거의 재난안전사고 실패로부터의 교훈 및 학습의 중요성을 강조하는 견해[05]도 제기됐다. 이 또한 좀 더 실질적인 재난 원인 조사와 원인 조사 결과 파악된 사실을 적극적으로 활용해야 함을 지적하고 있는 것이라고 할 수 있다.

## 2) 원인조사의 활성화

### (1) 관련 법령 체계의 검토

「재난 및 안전관리 기본법」에서는 재난이 발생한 경우 행정안전부에서 재난의 원인을 조사하도록 규정(같은 법 제69조 제1항)하고 있으며, 그 밖에도 「항공·철도 사고조사에 관한 법률」, 「해양사고의 조사 및 심판에 관한 법률」 등과 같은 다양한 개별적인 법률에 의한 재난 원인 조사가 이뤄지고 있다. 그러나 이러한 각종 법령에 의한 재난 원인 조사가 실시되고 있음에도 불구하고, 그러한 조사들은 일시적이며 조사 결과가 분산된다는 이유 등으로 근본적인 대책 마련에는 미흡하다는 비판을 받고 있으며, 정부 주도의 조사에 대해서는 조사의 실질성이나 신뢰성에 대한 의문[06] 또한 계속 제기되고 있다.

이태원 참사와 관련해 진행됐던 국정조사의 근거가 되는 「국정감사

---

05 국정조사 보고서, 763면.
06 특히 「재난 및 안전관리 기본법」에 의한 재난 원인 조사에 대해서는, 국가재난관리위원회의 설치와 운영에 관한 법률안(의안번호 14730), 제안 이유 참조.

및 조사에 관한 법률」에서는 재적의원 4분의 1 이상의 요구가 있는 경우에는 국정의 특정 사안에 대해 조사를 할 수 있도록 규정(같은 법 제3조 제1항)함으로써 재난의 원인을 비롯한 모든 사안에 대해 필요성이 인정되는 경우에는 국정조사를 실시할 수 있도록 하고 있다. 이러한 국정조사는 의결로 감사 또는 조사와 관련된 보고 또는 서류 등의 제출을 관계인 또는 그 밖의 기관에 요구하고, 증인·감정인·참고인의 출석을 요구하고 검증을 하는 방식으로 이뤄지며(국정감사 및 조사에 관한 법률 제10조 제1항), 증거의 채택 또는 증거의 조사를 위해 청문회를 열 수 있다(같은 조 제3항). 다만 개인의 사생활을 침해하거나 계속 중인 재판 또는 수사 중인 사건의 소추(訴追)에 관여할 목적으로 행사돼서는 아니 된다는 한계 또한 규정(국정감사 및 조사에 관한 법률 제8조)하고 있다.

(2) 개선 방안

이태원 참사의 경우, 국정조사에서는 책임 귀속의 판단이 어려웠다는 점을 들어 수사 또는 특별검사의 필요성이 제기[07]되기도 했으며, 본질적인 원인 분석을 통한 유사 재난 방지를 위해 원인 조사를 강화해야 한다는 견해[08]가 있었다. 또한 2017년과 2022년에 두 차례에 걸쳐 독립적인 국가재난관리위원회를 설치하는 내용의 법률안[09]이 국회에 제출됐으며, 이러한 법률안의 제안 이유들은 앞서 본 비판들과 그 맥락을 같이하는 것이라고 볼 수 있다.

기존의 재난 원인 조사와 관련해서는 크게 두 가지를 지적할 수 있을

---

07 국정조사 보고서, 637면.
08 국정조사 보고서, 825면.
09 2017. 12. 29. 의안번호 11178, 2022. 2. 10. 의안번호 14730.

것이다.

첫째, 재난 원인 조사가 책임 귀속의 절차가 혼재될 우려가 있다는 점이다. 그에 따라 재난의 발생과 관련된 사람들은 조사에 협조하지 않을 가능성이 크고 나아가 원인조사 또한 어떠한 기준이나 규정의 위반 여부에 집중하게 돼 기준이나 규정 등이 가지고 있는 흠결이나 그에 따른 개선 방안은 간과하게 될 가능성[10]이 높다. 이와 관련해 미국의 화학사고조사위원회(CSB)를 비롯한 책임 귀속을 배분하거나 책임의 주체를 결정하는 것을 업무에서 제외하고 있으며, 조사의 결과에 따른 결론과 권고는 손해에 대한 소송에서 증거로 이용될 수 없도록 하고 있는 등[11] 민·형사소송을 비롯한 책임 귀속 절차와 원인 조사를 분리하고 있음을 참고할 필요가 있다.

둘째, 원인 조사의 신뢰성과 관련해서는 정부 주도로 이뤄졌던 원인 조사의 결과가 국민들의 눈높이에 맞지 않았다는 것을 보여 주는 것이라고 할 수 있다. 이에 따라 행정안전부는 「재난 및 안전관리 기본법 시행령」을 개정해 기존의 국가재난원인조사협의회를 민관 협동 국가재난원인조사협의회로 개편해 민간의 좀 더 적극적인 참여를 확보하기 위한 시도를 하고 있다. 구체적으로는 정부합동 재난원인조사단 및 행안부 자체조사반의 과반수 이상을 민간 전문가로 구성하고 단장(반장)은 민간 전문가 중에서 선임하며, 재난관리책임기관에서 재난 원인 조사를 실시하는 경우, 행정안전부 장관이 민간 참여 확대 등 개선 권고를 할 수 있도록 하는

---

[10] 국정조사 보고서의 경우에도 관련자들의 책임 판명에 집중했다고 할 수 있으며, 그에 따라 지적된 문제점의 범위에 비해서 재발방지 대책은 일부의 논점에 집중됐다고 볼 수 있다.
[11] 화학사고조사위원회(CSB)에 대해서는 U.S. Senate, Clean Air Act Amendments Legislative History, Senate Report No. 101-228, pp. 4~5.

것을 그 주된 내용으로 하고 있다.[12]

　재난 원인 조사는 단순히 재난의 발생 원인을 밝히거나 재난 발생에 책임이 있는 자에게 그에 대한 책임을 추궁하는 것을 그 궁극적인 목적으로 하는 것이 아니라 재난의 발생에 영향을 미친 요인을 면밀히 분석해 동일하거나 유사한 재난이 다시 발생하지 않도록 하는 방안을 마련하고 그러한 재난이 발생하는 경우에도 그로 인한 피해를 최소화하는 방안을 마련함으로써 사회의 복원력을 강화하는 것이다. 따라서 재난 원인 조사의 방법과 그 수행 주체에 대해서도 장기적인 관점에서의 깊이 있는 연구가 필요하다고 여겨진다.

---

12 행정안전부, 재난 및 안전관리 기본법 시행령 일부개정령(안) 입법예고, 2022. 12. 7.

/ # 이태원 참사 이후, 재발 방지 대책을 위한 제언

10.29. Disaster

## 1) 재발 방지 대책을 위한 문제점과 제언

첫째, '재난의 컨트롤타워가 어디인지'에 대한 논쟁이 계속적으로 제기되고 있다는 사실은 현행 규정과 집행이 국민들의 눈높이에 맞지 않는다는 것을 보여 주고 있다. 범정부 대책본부와 범정부 방역본부 등의 불명확한 역할과 책임이 아닌 국가재난 관리 체계를 국민이 이해할 수 있도록 제시할 필요가 있다.

### 중앙재난안전대책본부의 지위

중앙대책본부와 수습본부는 재난 대응의 핵심기관이다. 중앙대책본부장과 수습본부장은 동시에 지역대책본부장을 지휘할 수 있으며, 그에 더해 중앙대책본부장이 수습본부장을 지휘할 수 있도록 함으로써 지휘 체계에 혼란이 발생할 우려가 있다. 중앙대책본부장과 수습본부장이 서로 수평적인 관계에 있는 경우에는 사실상 지휘가 어려운 문제점이 있다는 점도 지적된다. 그리고 해외재난 및 방사능재난, 자연재난 등의 경우에는 각 외교부 장관 및 원자력안전위원회 위원장, 행정안전부 장관이 중앙대책본부장과 수습본부장을 동시에 겸하게 되며, 이는 중앙대책본부장이 재난에서 총괄·조정 기능을 수행하고 수습본부장이 재난의 수

습을 담당하도록 하는 재난관리 체계와는 맞지 않는다고 여겨진다. 마지막으로 중앙대책본부가 구성되는 재난의 경우는 대부분 여러 정부 간의 통합 대응이 필요한 경우다. 현행 법률에서 국무총리가 중앙대책본부장이 되는 경우를 한정적으로, 그리고 불명확하게 규정하고 있다는 점은 재난 대응의 시간을 지연시키거나 대응에 불필요한 혼란을 야기할 수 있다.

세월호 이후, 국무총리가 중앙대책본부장의 역할을 담당하도록 했다. 즉, 중앙대책본부의 역할에 비춰 볼 때, 각 재난관리책임기관을 모두 통합·조정하고 지휘하기 위해서는 국무총리의 권한 수준이 적절하다고 판단했던 것이다. 신속하고 효과적인 재난관리를 위해서 재난 대응 체계가 단순화돼야 한다는 점에 비춰, 국무총리가 중앙대책본부장이 됨으로써 중앙대책본부와 수습본부의 지휘·권한과 관련된 여러 문제점을 해소시키고, 국가의 재난 대응 체계를 통합해 단일한 지휘 체계를 구축할 수 있도록 할 것이라고 본 것이다.[01]

과연 그런지 세밀한 검토가 필요하다. 여전히 대규모 재난 발생 시 중대본–중수본–지대본–지수본 간의 난립으로 인한 운영상의 혼란이 예상되기 때문이다. 우선 지역의 선제적 재난사태 권한을 부여해 탄력적이고, 실효성 있는 예·경보 체계 조정하는 것이 필요하다. 중대본과 중수본, 그리고 지수본 등 조정과 지원 기능을 하나로 통합한 창구인 국가 통합 대응 조정지원단을 운영해 현장지휘 체계 작동을 방해하는 중복 보고 및 지휘 문제 등을 해결할 수 있는 제도적 검토도 필요하다. 바쁜 일정을 소화해야 하는 국무총리가 사회적 재난의 특수성을 이해하고 빠른 판단력과 효과적인 의사결정을 주관할 수 있게 지원하는 방안이 필요하다. 다만 장기적으로 진행되는 재난의 경우에 일상 회복과 경제 회복을 위한 업무를 수행하면서 중대본부장으로 역할에 오로지 집중할 수 있을지는 여전히 의문이다.

둘째, 지역통제단의 역할 강화와 대규모 재난 통합 현장지휘 체계가 필요하다. 현재의 「재난안전법」은 재난 현장에서의 직접적인 대응은 지역통제단을 통해 이뤄지며, 현장에서의 대응과 관련된 총괄·조정은 통합지원본부를 통해 지역대책본부에서 이뤄지도록 규정하고 있다. 이를 위해서 지역대책본부 소속의 통합지원본부는 지역통제단의 현장지휘에 협력하도록 하고 있다.

그러나 「재난안전법」에서는 지역통제단의 임무에 대해 재난 현장에서

01 국회입법조사처, 국가 재난 대응 지휘 체계의 한계점과 개선 방안, NARS 현안분석, 2019. 12, 9면.

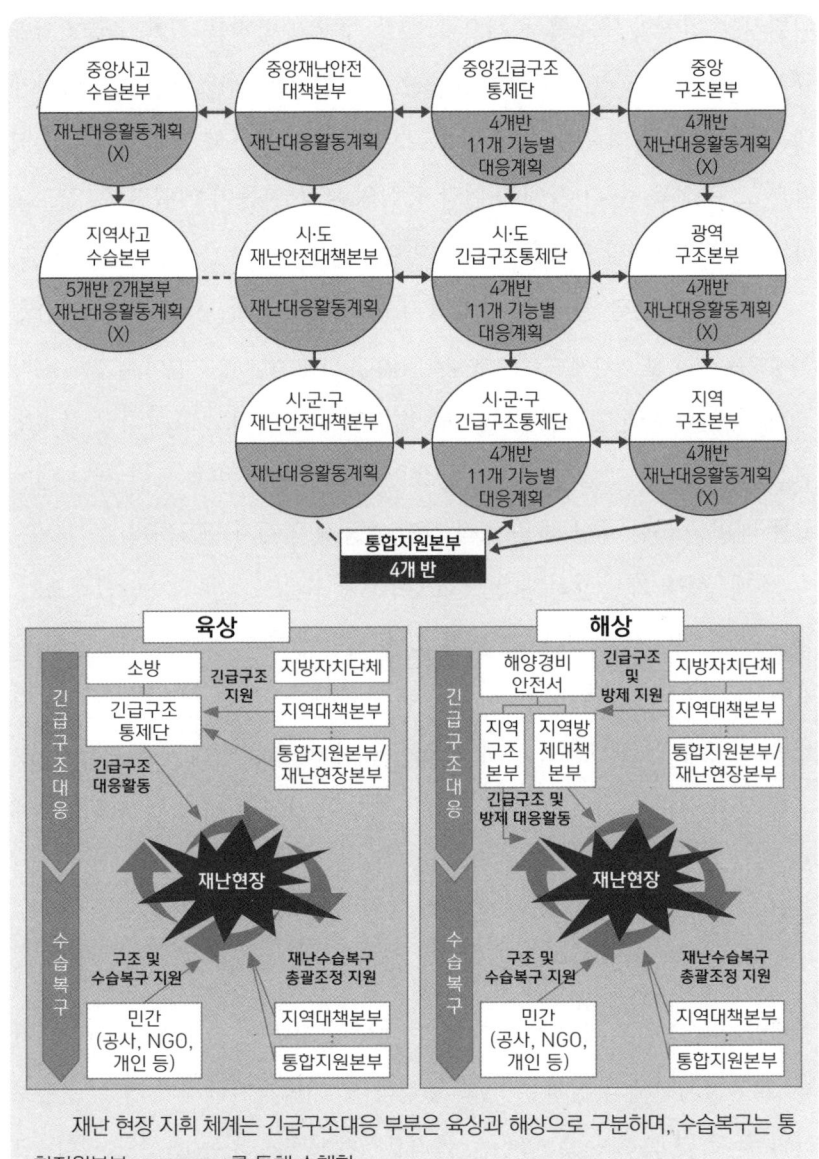

[그림 1] 한국의 재난대응 활동계획과 현장지휘 관계

이뤄지는 인명의 구조를 중심으로 추가 재난의 방지를 위한 응급조치를 규정하고 있다. 따라서 다양한 모습으로 진행되는 재난 현장에 신속하게 대응하기에는 어려움이 있을 것으로 여겨진다. 따라서 지역통제단의 역할과 그 구성을 좀 더 확대해 현장 중심의 대응 활동이 이뤄질 수 있도록 하는 방안을 모색할 필요도 있을 것이다.

소방·해경·경찰 등 지역 기반의 대규모 재난 통합 현장지휘관을 양성(육성교육 체계 및 인증제도, 다기관 의사소통을 위한 재난 대응 용어 표준화 등)하고, 통합지휘부와 현장지휘 체계를 점검해 효율적이고 효과적인 한국형 현장지휘 체계를 정립하는 것이 중요할 것으로 판단된다. 또한 재난 대응 활동 계획을 통한 재난 대응 조직 간의 기능적 연계가 필요하다.

셋째, 현재 재난안전 관련 신고는 '안전신문고', '국민재난안전포털' 등을 통해 이뤄지고 있다. 그 밖에 각종 재난에 대한 정보는 재난안전 문자 메시지 또는 재난안전 방송 등을 통해 제공되고 있지만 다양한 경로와 채널로 인해 대응 체계의 중복과 혼선을 야기할 수 있다는 문제가 있다. 또한 국민들이 좀 더 신속하게 실시간 정보인 각종 인터넷 검색에 의존해 잘못된 '가짜 뉴스'에 노출돼 여러 사회문제로 이어진 경우가 존재하므로 개선이 필요하다.

넷째, 2018년 기준, 중앙부서의 재난부서 정원은 2,040명임에 대해 방재안전직 정원은 86명으로 전체 4.2%에 불과하며, 그 밖의 지방자치단체, 교육자치단체의 상황은 더욱 열악하다. 지방자치단체의 경우 순환보직의 문제 및 특히 구호 업무는 복지부서에서 담당하는 경우도 있다. 그 결과 안전 및 재난관리를 담당하는 공무원의 전문성이 떨어진다는 문제가 제기되고 있다.

소방직 공무원을 국가직으로 전환했다고는 하나, 시·도의 소방본부는 직제상 광역자치단체 소속이다. 따라서 「소방공무원임용령」에서는 시·도 소속 소방령 이상의 소방공무원(소방본부장 및 지방소방학교장은 제외)에 대한 임용권을 시·도지사에게 위임하고 있다. 2021년 기준 전체 소방예산 중 기획재정부 일반회계로 운영되는 소방청의 예산은 2,567억 원임에 대해 시·도의 지역소방 예산은 6조 3,438억 원에 달하고 있다. 인사와 재정을 지방자치단체에 의존하고 있음에도 진정한 국가직으로 볼 수 있는 것인지에 대한 의문이 제기되고 있다. 또한 「재난안전법」에서는 소방서장으로 하여금 지역긴급구조통제단장을 담당하도록 돼 있으나, 인사권을 가지고 있는 시·도지사가 사실적으로 지역긴급통제단에 대한 지시를 하고 있다. 이는 지역긴급구조통제단과 지역재난안전대책본부의 역할에 충돌을 야기할 수 있다. 나아가 또한 재난 현장에서의 대응활동은 긴급구조에 한정되는 것은 아니라고 할 것이므로, 지역긴급구조통제단에 대한 본질적인 재검토가 필요하다고 여겨진다(국가직 전환에 대한 재검토 필요하고, 핵심은 국가직 공무원 신분보다 역량 있는 현장지휘권 강화가 핵심).

다섯째, 「재난안전법」에서는 행정안전부 장관이 재난사태를 선포하도록 하고 있으나, 지역적으로 발생하는 재난과 같은 경우에도 행정안전부 장관이 재난사태를 선포하도록 하는 것은 시간적으로 불필요한 지연을 발생시킬 수 있다. 또한 지역재난안전대책본부의 상황판단회의를 유명무실하게 만들 우려가 있다. 지대본의 상황판단회의를 소방과 경찰의 공동 대응 요청과 연결할 수 있는 체계 마련이 시급하다.

현행 「재난안전법」은 재난 원인 조사를 규정하고 있으나, 그 사유가 한정돼 있으며, 일시적이다. 따라서 문제를 해결하기 위한 근본적인 재난 원인 조사가 이뤄지기에는 한계와 제약이 명확하다. 또한 전문적인 재난 원인 조사 인력 확보와 양성도 어려움. 한시적인 사회적 참사 특별조사위원회로는 진상 규명의 한계와 효과적인 제도 개선의 어려움이 존재하므로 개선이 필요하다. 대규모 재난 발생 시 원인 조사와 국정조사의 혼합 설계를 통해 근본 원인을 파악해 재발 방지를 위한 대책 마련과 이행 점검까지 추적할 수 있는 체계를 마련해야 한다.

이번 코로나 19로 인한 각종 손실 보상은 전 국민 또는 일부 국민에 대해 일괄적으로 이뤄졌으며 그때마다 상당한 논란을 일으켰다. 지금도 진행 중이다. 또한 기존의 「재난안전법」에 따른 보상 체계는 자연재난에 대한 보상 및 지원을 바탕으로 설계된 것으로서 주로 개인의 재산상의 직접적인 피해에 대한 것을 중심으로 규정하고 있기 때문에 실질적인 보상 및 지원에 대해서는 일관된 원칙이 없다. 공동체의 복원에 대한 문제의식 또한 부족했다고 할 수 있다.

「재난안전법」에서는 안전교육 및 안전훈련과 안전의식을 높이기 위한 캠페인 등과 같은 안전문화의 진흥을 위한 각종 방안을 제시하고 있으나, 그 실효성은 크지 않다고 할 것이다. 또한 각종 디지털 신기술을 적용하고 게임과 같은 새로운 매체를 활용하는 방안에 대한 적극적인 고려가 부족하다고 할 수 있다.

여섯째, 현재의 행정안전부는 재난 및 안전관리에서 총괄 기능을 충분히 수행하지 못하고 있다고 여겨진다. 즉, 사회재난에서 전문성 결여, 모든 관련 기관을 통합하는 경우 실효성 확보 방안에 대한 명확성과 구체성의 한계가 지적된다. 그리고 각 중대본, 지대본, 중수본 등의 역할 등이 불분명하며, 지휘/조정 및 지원의 기능이 뒤섞여 있어 현장의 혼란이 야기되고 법적 근거 없는 범대본이 빈번하게 설치되고 있다(컨트롤타워의 난립).

※ 중앙사고수습본부와 중앙대책본부의 지위를 비롯한 재난관리 체계 전반을 개선하는 것도 고려할 필요가 있다. 무엇보다 재난관리는 일관된 이론적 바탕으로 이뤄져야 하는데 현행의 재난관리 체계는 과거 자연재해에 대한 대책에서 사회적으로 문제가 되는 재난이 발생할 때마다 임기응변적으로 개정되고 추가되는 등으로 그 체계가 상당히 혼란한 측면이 있다.

※ 현재의 재난 예·경보 체계에서는 재난관리주관기관이 재난에 대한 예보와 경보를 발하게 돼 있으며, 이는 자칫 재난이 발생한 현장의 기초지방자치단체의 상황판단회의를 유명무실하게 만들어 현장에서의 대응을 경직시키거나 지연시켜 효율적이고 신속한 재난 대응이 이뤄지지 않게 할 우려가 있다. 따라서 기초지방자치단체 차원에서의 재난 대응이 원활하게 이뤄질 수 있도록 하는 방향의 개정 또한 고려할 수 있을 것이다.

일곱째, 국내는 기능연속성 관리의 미흡과 입법부-사법부-행정부 간의 국가연속성 개념이 없으며, 임기응변적 대응에 급급하다.[02]

기능의 연속성은 개별 기관만의 문제가 아니며 국가의 통합적 연속성 유지의 측면에서 좀 더 본질적인 관리가 필요하다.

※ 국회 일시 셧다운…9개 상임위 일정 연기, 사법·행정부 확진자 속출, 청와대 사랑채에서 근무하는 관광공사 자회사 소속 안내 직원 1명도 지난 26일 양성 판정을 받자 청와대는 경계를 강화했다.[03]

---

[02] 재택근무의 기준 등이 기관마다 상이(이데일리 20. 8. 31.), 지속 가능한 근무 체계에 대한 준비 미흡(문화일보 22. 2. 3.).
[03] 靑 "코로나 위기 턱밑까지 왔다"…국회 마저 셧다운 '초비상', 2020.8.27.
http://news.heraldcorp.com/view.php?ud=20200827000410

※ 미국의 경우에는 (단일 정부기관 내의) 기능연속성 – (행정부 내지 입법부와 사법부 소속 기관 상호간의) 정부연속성 – (입법부와 행정부, 사법부 상호 간의) 국가연속성의 단계로 구분하고 있다. 또한 최소한 국가비상사태를 선언하게 하는 재난에 대해서는 대통령에게 직접적인 역할을 수행하도록 하는 것도 검토할 여지가 있다.

여덟째, 민민 협력과 민관 협력을 위한 민간 참여를 위한 플랫폼이 부재하다. 따라서 **전문가들의 의견을 제도적으로 반영할 수 있는 창구와 자원봉사자들을 재난관리활동에 통합시킬 수 있는 경로가 부족**하다. 감염병을 제외한 다른 분야에 대해서도 전문가들을 비롯한 민간의 참여를 위한 플랫폼을 마련해 신속한 대응이 가능하도록 할 필요가 있다.

※ 「재난안전법」의 전체적인 재난관리조직의 체계를 개선해 재난 이전에 재난 피해의 심각성 경고, 대국민 재난 상황 및 행동요령 홍보, 유관기관의 협력적 대응을 당부하고, 재난 발생 시엔 재난 상황 업데이트, 피해 예상 지역의 주민 대피 유도, 국가 차원의 협력 대응 및 지원 체계 가동 당부, 재난 이후에는 피해지역 주민 및 재난관리부서 위로 및 노고 치하, 신속하고 협력 복구 및 재건 당부, 국가 차원의 행정·재정 지원 등 적극적인 역할 수행을 모색해야 한다.

아홉째, 지방자치단체가 재난관리의 일차적인 역할과 책임을 수행하는 데 제약이 따른다. 재난관리 영역이 광범위해 현행법상 재난 발생 시 관할권 주체 결정이 어렵고 재난관리 사무가 자치사무로 돼 있는 경우가 제한적으로 제시하고 있어 예방과 초기 대응의 한계가 지적됐다.

재난관리에 관련되는 사무 중 현재 「지방자치법상」 자치사무로 되어 있는 것은 다음과 같다
(지방자치법 제13조 참조).
① 감염병과 그 밖의 질병의 예방과 방역
② 가축전염병 예방
③ 재해 대책의 수립 및 집행
④ 지역의 화재 예방·경계·진압·조사 및 구조·구급
 - 예를 들어 '감염병' 같은 질병의 예방과 방역 및 가축전염병의 예방은 자치사무인데 가축전염병 방역은 국가사무임.

**열째, 재난관리 사무를 지방자치사무로 통할해 효율적인 관리 체계를 제시할 필요가 있고, 중앙에서는 이를 위한 지원과 조정에 집중하는 것이 바람직하다.**

※ 현행 「재난안전법」에서는 감염병의 확산 등과 같은 사태가 발생하는 경우에 지방자치단체 차원에서 선제적으로 조치를 취할 수 있는 방법이 없다고 할 수 있다. 현실적으로는 재난관리주관기관인 보건복지부, 질병관리청의 감염병의 위기 단계에 따라 사후적으로 대처할 수밖에 없으며, 지방자치단체의 역량만으로 사전적, 적극적으로 지역재난안전대책본부를 설치·운영하기 위한 제도적 바탕이 필요하다.

※ 2018년 기준, 중앙부서의 재난부서 정원은 2,040명임에 대해 방재안전직 정원은 86명으로 전체의 4.2%에 불과하며 그 밖의 지방자치단체, 교육자치단체의 상황은 더욱 열악하다(행정안전부 연구용역보고서, 재난관리 전문인력 양성체계 구축방안, 2020).

※ 미국의 연방재난관리청(FEMA)은 전역을 10개의 권역(region)으로 구분해 국가적 재난관리의 효율화를 꾀하고 있다. 단순히 지방자치단체의 관할 구역을 중심으로 재난 대응 체계를 수립하는 것보다 입체적이고 전문적인 관리 및 역량의 형성을 가능하게 할 수 있다.

※ 재난 또는 재난 위협 본질, 심각성, 중요성 및 복합성에 기초해 광역 또는 기초 지자체 주도의 현장지휘가 원활하게 운영되기 위해 재난 지원 기능을 가동하거나 다른 인원들을 보충하고, 정부는 민간자원의 참여를 통한 재난관리 조정, 중앙-지자체 통합 활동계획 등 조정과 지원에 대한 실질적인 조언과 지시가 요구된다.

열한째, 타 부처, 유관 기관, 민간에서 구축된 재난안전 관련 시스템과 데이터가 흩어지고 분산돼 있어 공공안전 서비스 한계가 존재한다. 따라서 지역에서 발생하는 재난과 위기, 그리고 사고 등에 대한 위험 평가 및 미래 이상 징후 사전 탐색이 필요하다. 재해(hazards)와 취약성(vulnerability), 그리고 과거-미래 위험(risk) 목록과 재난(disaster) 특성을 선제적으로 파악하는 실시간(real-time) 스마트 모니터링이 부재하다.

※ 과거 구미불산 가스 누출사고(2012)에서 산재된 재난안전정보 통합 및 공유를 통한 초기 재난 상황 판단 부재가 지적된다. 이로 인한 대피 지연과 피해 확신으로 이어진다.

※ 정부는 소비자 안전, 식품 안전, 약물 부작용, 화학사고 및 산업재해, 가축전염병 등 국내외에 발생하는 이상 징후를 선제적으로 파악하기 위해 통합된 빅데이터와 GIS 기반의 각종 상황 정보를 재난의 발생/대응/복구 상황 및 예측분석 결과를 실시간으로 모니터링할 수 있는 방안을 모색해야 한다(미국의 경우, 생활안전 분야의 경우 Vision Zero Boston, 치안 분야에서는 PredPol 등이 존재).

※ 정부는 행정 업무 프로세스 혁신과 데이터 기반의 의사결정 프로세스 설계를 통해 재해 원인과 재난 취약성을 사전에 제거하고, 피해를 경감하거나 최소화하기 위한 분석 전문가를 설치해 운용하는 방안을 모색해야 한다.

## 2) AI·데이터 기반의 실시간 '재난안전 디지털 플랫폼 정부'의 실현

첫째, 재난안전 관련 신고 및 정보를 통합해 처리하는 '재난안전 디지털 플랫폼' 구축을 위한 법적 근거 정립, 분산된 재난안전 데이터를 연계·통합·확산, 증거기반 예방정책 수립, 인력, 재정, 시설, 장비 및 물품, 조직 등 정부-지자체-민간 차원의 재난관리 자원 정보 통합 플랫폼 구현, 재난 예측을 강화한 예방, 대비, 피해 경감을 적용한 대응, 복구, 완화 또는 개선 등 재난관리 단계별 데이터 기반 의사결정 구조의 제도화 및 기술적 구현이 요구된다.

아울러 부처, 공공기관, 기업 등 기존의 재난안전 관련 신고 및 정보를 한 곳에서 통합해 처리할 수 있는 '재난안전 디지털 플랫폼 정부'를 지향하는 법적 근거를 정립해야 한다.

둘째, 재난안전 공공데이터를 분석하고 관리하는 전문인력을 육성해 부처/지자체/공공기관 등의 상황실에 효율적이고 신속하게 의사결정에 도움을 줄 수 있는 재난안전 데이터 분석 최고 책임자 및 재난안전 데이터 관리 최고책임자 등 전담 책임자와 조직을 신설한다.

셋째, 국가재난관리 핵심 기능으로 코로나19 등 인간 감염병 확산, 가축 전염병 확산, 생물안보(침입외래종, 병해충위험, 침입병원균), 일본 원전수 방류 피해, 라돈 등 일상생활 방사능 안전 피해, 소비자 안전, 식품 안전, 약물 오남용 및 부작용, 화학사고 및 산업재해, 원자력 사고 및 원전 해체 등을 지정해 국내외에서 발생하는 위험 이상 징후를 선제적으로 파악할 필요가 있다. 따라서 국민과의 의사소통과 정보관리에 유일한 통로 및 채널을 운영한다(재난 상황에서 허위 및 조작 정보와 불법 스미싱 및 보이스 피싱 문

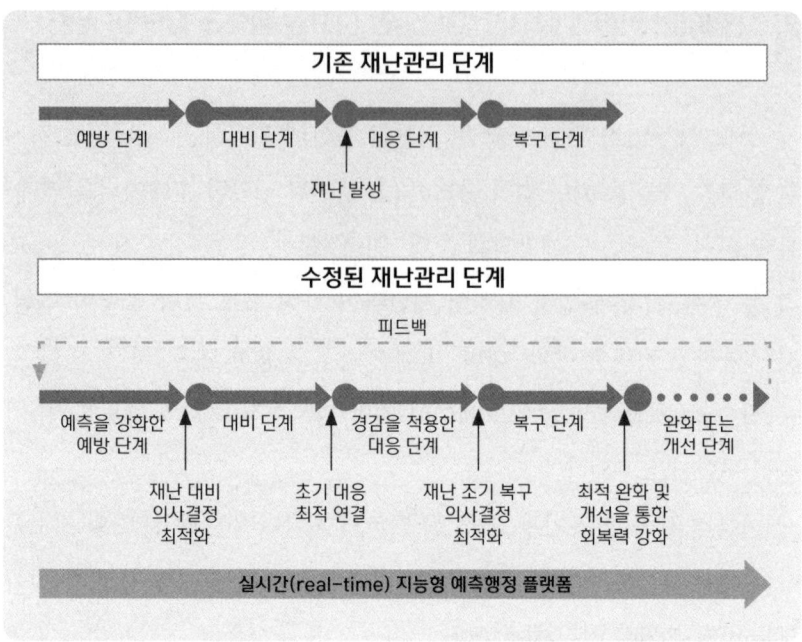

[그림 2] 재난안전 디지털 플랫폼 정부를 구현하기 위한 수정된 재난관리 단계 제안

제 대두로 부가적인 피해에 노출되는 국민안심정책 강화).

예를 들면, 일본 원전수 방류 피해에 대한 원오염수 대응 강화가 필요하다. 보이지 않는 특성으로 인해 국민 안전에 심각한 피해가 예상되며, 원안위, 해수부, 농림부, 외교부, 과기부, 식약처 등 안전성 검토와 모니터링이 흩어져 있어 일본 원전수 분석 핵종 리스트화해서 체계적인 측정 → 안전정보 시민 공유 노력이 필요(적극적인 감시와 대응 필요)하다.

그리고 이상기후에 대비한 농업용수 확보 및 관리 시스템 구축(가뭄 피해 증가 추이)이 요구된다. 따라서 우리 국가의 경계를 뛰어넘어 공유된 지리적 특징을 지닌 일본·중국 등 **재난안전 정보 교환을 위한 국제 협약을 체결 및 주도**해 집단지성 전문가 연합 협의체를 상시 연계해 국민이 안심할 수 있는 실질적인 정보 제공 서비스 체계를 구축한다.

넷째, 흩어진 부처/지자체/공공기관 등 관련 데이터를 파악하고 통합해, 빅데이터와 GIS 기반의 각종 상황정보를 취합해 재난관리 단계별(예방·대비·대응·복구)로 상황 및 예측분석 결과를 실시간으로 부처-지자체-국민에게 재난안전정보를 공유하고 전파(이상 징후는 모니터링하고 추적해 전문가들의 의견 공유)한다.

다섯째, 자원봉사단체들 사이의 지식과 경험 및 자원의 공유 등을 위한 통합적인 협의체인 '국가재난 자원봉사기구 협의회'를 설립해 재난 현장에서 긴급구조통제단과의 효율적인 협업을 연계하고 연결 창구를 일원화한다. 또한 자원봉사자들의 분야별 네트워크를 구축해 해당 분야에 대한 교육훈련 이수 여부와 전문성에 대한 정보 DB 및 참여 네트워크를 구축하고 연계함으로써 자원봉사자들의 효과적인 협업과 숙련도 향상을 지원한다.

여섯째, 재난안전 최고책임자이자 재난관리 소통 책임자로서의 대통령의 대국민 공공관계(PR) 소통 원칙을 정립하고 국민 안심·안정 전략을 충실히 수행함으로써 재난안전 최고책임자 이미지(President Identity: PI)인 대통령이 적극적인 대(對)국민 소통 역할과 국민 안심 전략을 차질없이 수행하도록 지원한다.

## 3) 지역사회 공동체 네트워크 기반의 공공·민간 협력 체계 구축

첫째, 자원봉사자에 대한 실효적 지원 확대, 재난안전 민관 협력 체계의 실질적인 정착을 위해 한국형 재난관리 지원제도[04]를 개발한다.

중앙정부, 지자체, 민간 영역을 포괄하는 지능형 재난 대응 거버넌스 협업 솔루션을 개발하고, 대규모 재난 시에 대통령 주도의 국가 재난안전 네트워크를 구성해 적극적인 대국민 소통과 국민 안심 전략을 차질 없이 수행해야 한다.

둘째, 기존 정부 중심의 재난관리가 재난 발생으로 생긴 어려운 문제를 해결하는 데 부족함이 많았음을 통감해 정부가 유일한 재난관리 주체가 아니라 개인, 정부, 조직, 기업, 지역 단체 등을 포함한 지역사회 모든 구성원이 최초 대응자로 하나로 뭉쳐 재난안전 모든 분야에서 지역사회 전체의 요구를 전체적으로 만족시킬 수 있는 국가재난관리 체계 패러다임의 전환이 필요한 시기인만큼 「재난안전법」에 자원봉사자들에 대한 실효성 있는 지원을 하기 위한 좀 더 구체적인 규정을 신설하고, 재난안전 민관 협력 체계의 실질적인 정착을 위해 「재난안전법」에 따른 지역민관협력위원회를 강화하고, 또한 기초(광역)자치단체장이 지자체의 재난 선포 또는 비상사태(경보 선포)를 선제적으로 선포하면 재난 대응에 필요한 인력, 장비 및 물품, 협업 거버넌스 설치 등을 인접한 지자체와 중앙정부로부터 지원받을 수 있는 제도적 노력(미국의 재난관리협약(Emergency Management Assistance Compact: EMAC)을 참고해 한국형 재난관리 지원

---

[04] 기초(광역)자치단체장이 지자체의 재난 선포 또는 비상사태(경보 선포)를 선제적으로 선포하면, 재난 대응에 필요한 인력, 장비 및 물품, 협업 거버넌스 설치 등 인접한 지자체와 공공기관, 그리고 기업으로부터 신속하게 지원받을 수 있는 제도.

제도를 적용해 중앙-지자체-기업 간의 자발적인 참여를 유도하고 선지원 후보상 체계를 완성한다.

또한 자원봉사단체들 사이의 지식과 경험 및 자원의 공유 등을 위한 통합적인 협의체인 '국가재난 자원봉사기구 협의회'를 설립해 재난 현장에서 긴급구조통제단과의 효율적인 협업을 연계하고 연결 창구를 일원화하며, 자원봉사자들의 분야별 네트워크를 구축해 해당 분야에 대한 교육 훈련 이수 여부와 전문성에 대한 정보 DB 및 참여 네트워크를 구축하고 연계해 자원봉사자들의 효과적인 협업과 숙련도 향상을 지원한다.

### 4) 재난관리 전문성 확보 및 대응 역량 강화

첫째, 대통령실 국가위기관리센터(National Security Council: NSC)를 국가안보와 재난안전으로 구분할 필요가 있으며, 자연재난과 사회재난 정책 개발과 실행을 위한 조직으로 개편해 포괄적 안보가 아닌 안보와 재난관리를 명확하게 구분함으로써 상황 식별 및 판단, 상황 보고 및 확산 체계를 마련해야 하며, 지자체 중심의 재난 대응 역량을 강화하기 위해 권역별 재난관리 사무소를 설치하고, 재난 발생 시 신속하고 효율적인 협력이 가능하도록 지원한다.

---

※ 대규모 재난은 민민·민관 협력을 전제로 수행되기 때문에 국방안보 중심의 국가위기관리 방식과는 차이가 있다. 국가위기관리센터(NSC)를 전통적인 국가안보와 국가재난관리로 이원화하고, 자연재난과 사회재난 시에 지역 현장지휘 체계라 제대로 작동되기 위한 지원을 위한 조정을 수행하는 정책 자문 기능을 보좌할 수 있는 정책조정관제를 운영하는

것이 방법일 수 있다.

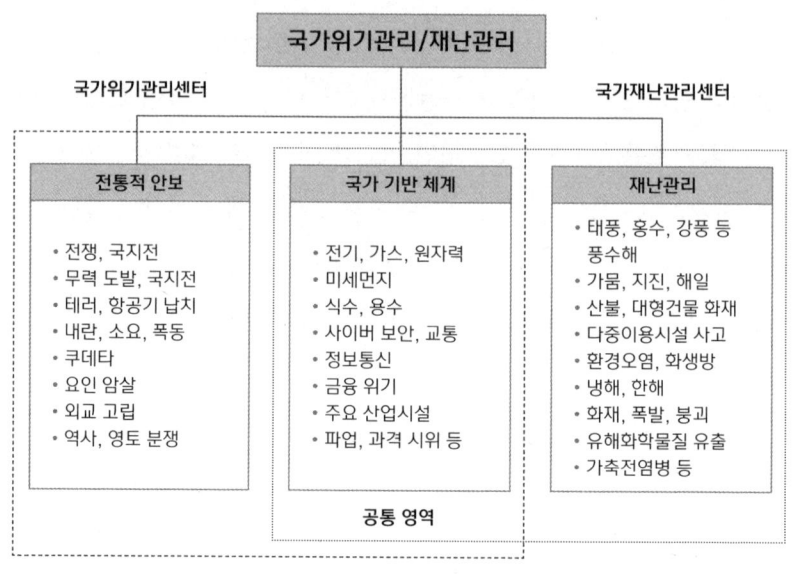

둘째, 지자체 중심의 재난 대응 역량을 강화하기 위해 권역별 재난관리 사무소를 설치해 인적-물적-장소-정보-지역-행정 네트워크를 사전에 점검하고, 구축해서 재난 발생 시 신속하고 효율적인 협력이 가능하도록 지원한다.

셋째, 국가위기관리센터를 국가안보와 위기관리(재난안전)를 구분하고, 자연재난 위기관리와 사회재난 위기관리정책 개발과 실행을 위한, 정책자문 기능을 보좌할 수 있는 국민안전안심 정책조정관제(자연재난 국민안전 담당관과 사회재난 국민안전 담당관, 그리고 안전사고 국민안심담당관으로 세분화)를 신설한다.

넷째, 기존 방재안전 직렬을 사회재난 직렬과 안전관리 직렬로 세분화해서 확대 운영하고, 정부와 지자체, 공공기관 등 재난안전부서 전체 정원의 100%를 재난안전 직렬로 충원(재난안전관리 담당 공무원은 전문성과 무관한 순환보직 인사의 관행을 완전히 제거)한다.

다섯째, 실효성 없는 중앙재난대책본부로 인해 범정부 대책본부 또는 범정부 공동차장제가 운영되는 것을 방지하기 위해 통합 지원 조정 기능이 강화된 **국가통합대응 조정단을 설립**해 부처와 재난관리 책임기관의 상급대표자, 비영리조직, 상급 대표자, 지자체장, 전문성을 사전에 고려한 **참여형 전문가 네트워크 체계를 구성**해 중앙재난대책본부 의사결정에 참여 및 지원한다.

### 5) 재난 원인에 대한 명확한 분석, 실질적이고 신속한 손실·피해 보상 체계 구축

첫째, 한국형 재난 원인 조사 방법과 기법을 개발하고, 재난 원인 조사 전문 인력을 통한 진상 규명-피해 지원-제도 개선 등 체계성을 강화한다. 그리고 재난 피해자의 수요 맞춤형 구호물품 배분 솔루션 개발 및 손실 보상과 피해 지원에 대한 원칙을 명확히 정립하며, 재난 피해 신고 및 조사 절차를 간략화하고, 재난보험 지출, 구호 지원 및 대출 신청, 세금 감면 등과 같은 지원 조치가 신속히 이뤄질 수 있도록 하는 '재난 손실·피해 보상 원스톱 서비스센터'를 도입한다.

둘째, 재난 원인 조사 활동은 재난 발생에 대한 책임 추궁과 동일하고 유사한 재난의 반복을 제거하는 학습 기능이 존재해 「재난안전법」의 규정을 개정해 재난 원인 조사 활동이 상시적으로 이뤄지도록 하고, 그에 대한 독립성을 확보할 수 있도록 한다.

셋째, 한국형 재난 원인 조사 방법과 기법을 개발하고, 재난 원인 조사 전문 인력을 통한 진상 규명-피해 지원-제도 개선 등 체계성을 강화해 국민이 나 홀로 싸우는 일(피해 입증, 소송 등)이 없도록 한다.

넷째, 사회재난에 적합한 원인조사 기법(크라우드소싱, 메타분석 등)[05] 및 근본 원인(root cause) 프레임워크(분석틀) 개발 및 과학적 프로파일링 전문 인력을 양성한다.

다섯째, FORIN[06] 등을 활용해 한국 위험 거버넌스 구조 진단을 통한 근본 원인을 도출해 재난 경감을 위한 이해관계자별 행위 우선순위 도출 및 제도 개선에 기여하며, 반복되는 재난 유형별 위험 동인 및 근본 원인 정보분석을 수행하는 과학적 프로파일링 전문인력을 양성한다.

여섯째, 각 손실 보상 및 피해 지원에 대한 원칙을 재정립하도록 규정해 재난 피해 신고 및 조사의 절차를 좀 더 간략화한 통합센터를 설치함으로써 즉각적인 재난보험 지출, 구호 지원 및 대출 신청, 세금 감면 등과 같은 지원 조치가 현장에서 이뤄질 수 있도록 하는 재난 손실·피해 보상 원스톱 서비스 센터를 도입한다.

이를 위해 기부와 피해자를 최적으로 연결하기 위한 솔루션을 개발하고, 재정기부금과 물품 기부를 종합적으로 관리하기 위한 국가기부조정센터를 설치해 국가기부관리 전략을 정립(최적 분배 계획 수립 및 조정 → 콜

---

[05] 사람의 부주의부터 사회구조의 모순, 그리고 유인과 제약 등 내재된 근본 원인을 분석해 인과 관계를 파악.
[06] FORIN(forensic investigation framework): 위험 거버넌스를 토대로 반복되는 재난의 근본 원인을 규명하고, 궁극적으로 예측에 활용하기 위한 기법.

센터 데이터베이스 시스템, 창고 사전 파악 등 기부물품의 제공을 선제적으로 예상 → 민간협력으로 기부물품 운송 → 기부관리팀과 기부관리조정자 선정 → 수령인의 자격 파악)한다.

그리고 재난보험의 처리가 되지 않는 경우, 이재민들에 대한 임시 숙소 비용 상환제도(호텔과 펜션 등 단기간 숙박 체류), 긴급수리지원제도(거주 가능한 상태로 최소한의 수리비용 지불), 임시 임대 지원제도(임대비용 지원), 보험이나 다른 형태의 재난 지원으로 해결되지 않는 재난 피해자의 심각한 필수 비용을 위한 자금 제공(임시 거주지, 수리비용, 교체비용, 영구주택 건설, 의료-치과-장례-개인자산-난방연료-교통(차량)-재난실업 지원-이사와 보관 비용-법의 허가를 받은 기타 비용 포함) 등을 운영하고, 재난과 관련한 경제적 어려움이나 보험금 청구 및 소비자 보호, 그리고 유언장과 대규모 재난으로 파괴된 기타 중요한 법률 문서 재작성 등)을 문서로 입증하는 것을 원칙으로 하되 이와 관련한 입증 전문인력(변호사협회와 회계사협회 등의 추천으로 행안부에 동의를 거친 재난안전 공익변호사와 회계사 등 연계)도 한시적으로 운영한다.

일곱째, 재난영구지원기금을 확보해 재난으로 인한 사람들의 고통을 덜어 주는 특별한 목적으로 사용하고, 대통령이 재난으로 선포한 지역에서 재난과 관련해 발생한 문제를 정부·지자체나 다른 단체가 해결해 주지 못했거나 앞으로도 해결해 주지 못할 경우에 피해자와 생존자, 그리고 실종자(또는 실종자 가족)를 끝까지 추적해 지원(교육, 상담 지원, 생애주기 지원 등)하는 데에 사용한다.

여덟째, 재난 발생 단계에서부터 피해자들에 대한 심리적·정서적 배려가 이뤄지도록 하는 매뉴얼 구축과 지역별 데이터 기반의 과학적인 재난회복력 모델을 개발해 지역사회마다 내재된 회복력을 측정해 객관화된 상황 적응 역량을 파악(사전 대비 강화를 통해 피해 축소하고, 신속한 사후 복구를 통해 정상적인 일상을 회복하는 데 초점)한다. 그리고 장기복구위원회를 통해 재정 복구에 대한 보조금 및 지원금(비상자금, 보험, 특별모금, 시채권, 보조금, 기부, 무이자 대출, 고용안정지원금, 신용보증기금 특례보증, 법인세 및 종합소득세 유예, 예비비, 농어촌특별세, 재난지원금 등)을 점검해 목적과 확보 방안을 명확하게 제시하고 선제적 지출에 대한 법적 근거를 확보한다.

아홉째, 재난을 경험했거나 여전히 고통이 진행 중인 재난 피해자와 그 가족, 대규모 재난으로 피해를 경험한 지역 공동체, 그리고 재난 취약자 등에게 이웃 관계 활성화 프로그램 운영, 온라인 반상회 활성화, 확장현실(XR) 기반의 동호회 지원 확대 등 규정, 디지털 치료제의 선제적인 도입이 필요하다. 디지털치료제 보험급여 도입 및 임상 간소화를 통해 선제적 도입이 시급하며, '빨리빨리 성장 모델'과 '대규모 재난' 과정을 통해 사회적 거리두기(social distancing)에 노출되고 있고, 특히 코로나 시기와 이태원 참사 등을 거치면서 이에 대한 사회 부작용이 현저하게 증가하고 있으며, 현재 주요 국가에서 사용자 및 환자 자주권이 중요하게 요구되고 있고, 더 늦기 전에 현실적이고 실효적인 처방으로 디지털 치료제를 논의하고 도입할 시점이다.

이것은 이태원 참사에서 부각된 '국가트라우마센터'의 콘텐츠 부재의 대안이 될 수 있다. 재난 피해자와 그 가족들이 치료 접근성 개선과 안전, 환자 자주권 확보, 그리고 일상생활에서 트라우마 관련 어려움에 대한 실시간 대처, 그리고 무엇보다 환자와 보호자의 질별치료 부담 감소의 이점이 있기 때문이다. 또한 개인 중심의 재난 정신건강 질환을 치유하는 국가트라우마센터 외에 사회공동체 회복력 평가·측정·향상·보상과 도시 복원을 위한 국가재난회복·도시복원센터의 개설도 요구된다.

# 제Ⅱ부

## 한국 재난관리의 실천 과제를 논하다

2022.10.29

# 「재난 및 안전관리 기본법」의 법체계상 지위 정립

10.29. Disaster

재난 및 안전관리에 관한 우리나라의 법체계는 1960~70년대의 사회재난과 관련한 「민방위기본법」, 자연재난과 관련한 「농업재해대책법」 등을 바탕으로 발전하기 시작했다. 그 후 1990년대 후반부터 각종 자연재난 및 사회재난이 빈번하게 발생하면서 자연재난에 대해서는 「자연재해대책법」, 사회재난에 대해서는 「재난관리법」을 중심으로 다양한 재난 관련 법률들의 통합이 시도됐고, 그 후 2000년대에는 그동안의 자연재난과 인적재난 및 사회재난을 모두 통합하기 위해 「재난안전법」이 제정됐다.

현재의 「재난안전법」은 재난 및 안전에 관한 총괄·조정 기능을 행정안전부에 부여해 국가의 재난 및 안전관리 체계를 일원화하려 시도하고 있다. 재난의 유형을 자연재난과 사회재난의 두 가지 유형으로 단순화해서 분류 체계를 좀 더 명확히 하려 하고 있다. 이를 바탕으로 「재난안전법」은 재난 및 안전관리에 관한 기본법으로서의 지위를 가지고 있지만, 그 현실은 다소 미흡하다고 생각된다. 이에 대해서는 다양한 견해들이 제기되고 있으며, 가장 빈번하게 제기되는 것은 재난관리와 안전관리의 분리에 대한 것이며, 이에 더해 자연재난과 사회재난을 분리하는 것도 고려할 수

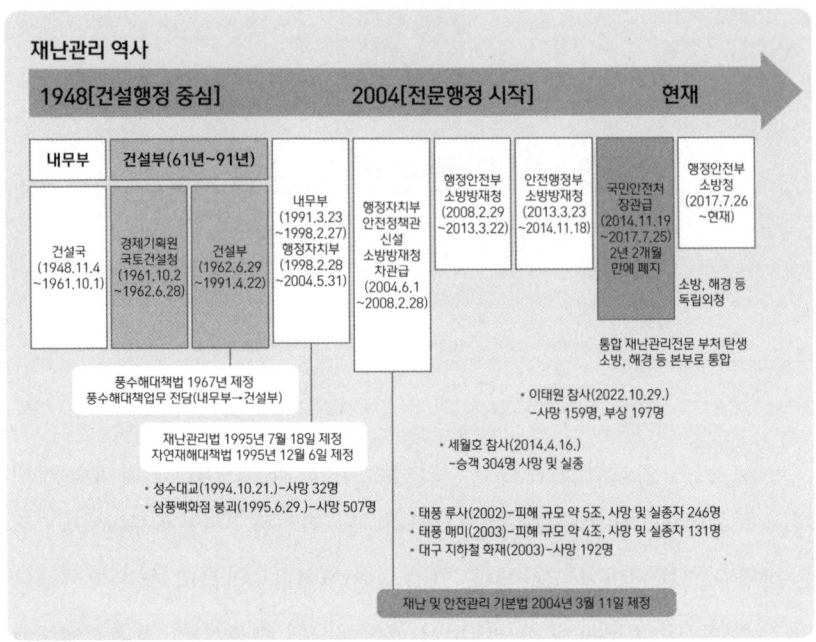

출처: 한국재난관리론(이동규, 2022).

[그림 1] 재난관리 행정의 역사

있다고 생각된다.

## 1) 안전관리와 재난관리 구분의 모호성

「재난안전법」에 따르면, 안전관리에 대한 일차적인 책임은 해당 시설물의 소유자·운영자가 부담하며, 동시에 각종 사고의 유형에 따라 재난관리주관기관별로 예방·대비·대응 및 복구 등의 업무를 주관해 수행하도록 하고 있다. 이에 따른다면, 예를 들어 댐의 경우 전력 생산용 댐에 대해서는 산업통상자원부가, 그 밖에 국토교통부가 관장하는 댐에 대해서는 국토교통부가 재난관리주관기관이라고 할 것이다. 이에 대해 각종 개별법에서는 별도로 안전에 대한 주관 업무를 담당하는 기관을 지정해 두고 있는 경우가 많다. 예를 들어, 「저수지댐법」에 따르면, 중앙 및 지방의 저수지·댐안전관리위원회가 저수지·댐의 안전관리와 관련해 재해 위험 저수지·댐 정비기본계획에 관한 사항 및 저수지·댐의 안전관리 등 기술 증진에 관한 사항을 심의하도록 하고 있으며, 「해사안전법」에서는 해양수산부 장관으로 하여금 각종 안전관리 업무를 수행하도록 하고 있다. 이를 정리하면, 각종 개별법에서 규정하고 있는 소관 부처가 원칙적으로 개별 법률상의 대상 시설물 등의 소유자·운영자의 안전관리에 대한 기본 계획을 심의하고, 각종 안전 점검의 결과를 검토하는 등의 안전관리에 대한 총괄적인 역할을 수행한다고 할 것이다. 또한 개별법에 따라 별도의 안전관리 업무에 대한 심의 등의 권한을 가지고 있는 위원회를 설치하도록 하는 경우(예: 「저수지댐법」)가 있으며, 안전관리 업무를 위탁받아 수행하는 별도의 기관을 설치하도록 하는 경우(예: 「시설물관리법」)가 있다고 볼 수 있다.

「원자력안전법」의 경우에는 산업의 진흥 등을 담당하는 부처인 산업통상자원부와 실제 원자력 산업을 운영하는 주요 주체인 ㈜한국수력원자력과는 분리된 독립적 주체인 원자력안전위원회로 하여금 안전관리에 대한 업무를 총괄하도록 하고 있는바, 이는 다른 법제에서는 볼 수 없는 독특한 특색이 있다.

이러한 특징에 더해 현재 「재난안전법」의 안전에 대한 규정이 가지고 있는 문제점은 먼저 국가의 모든 안전과 재난을 포괄하고 있기 때문에 그 적용 범위가 너무 넓다는 점이다. 따라서 법적 구속력(또는 영향력)과 실효성이 떨어질 수 있다. 또한 현재까지도 재난 관련 규정들이 여러 법령에 흩어져 있고 그 내용상 상호연계성이 미흡하다. 재난에 대한 대응이 개별법 위주로 이뤄지고 있어 무질서와 혼란을 초래할 가능성이 크다는 점이다. 즉, 현재의 「재난안전법」은 「재난 및 안전관리에 관한 기본법」이라는 그 명칭과 지위에도 불구하고 안전관리보다는 재난관리에 치중하고 있다는 비판에서 자유롭지 못하다.[01]

재난관리는 재난이라는 급박한 상황에서 최대한의 역량을 집중해 이뤄지는 것이다. 반면에 안전관리는 일상적인 상황 속에서 교통, 산업, 생활 등 분야별로 분산적으로 이뤄진다는 점이다. 그리고 재난관리는 그 상황적 특성에 따라 수직적인 지휘·통제가 중심이 된다. 하지만 안전관리는 각 분야 사이에서의 수평적·협력적 상호 작용이 중심이 된다는 점을 고려해야 할 것이다. 따라서 **재난관리와 안전관리는 그 특성이 상당히 다르다. 나아가 두 가지 계획을 하나의 종합계획 체계로 유지하는 나라는 세계적으로 우리나라가 유일하다고 한다.** 따라서 장기적으로 국가안전관리계획은 재난관리계획 중심으로 재구성할 필요가 있으며, 안전관리계획은 별도로 분리하는 것이 바람직할 것이다. 이를 위해서는 현행 「재난안전법」을 안전관리에 관한 법률과 재난관리에 관한 법률로 분리하는 것에 대한 고려가 필요하다. 또는 자연재난대책법과 사회재난대책법으로 분리하는 방안을 검토할 수 있다.[02]

---

01 한국법제연구원, 안전취약계층 및 안전사각지대 관련 법제도 개선 방안 연구: 어린이, 노인, 신종레저 안정제도 개선을 중심으로, 2013, 169면.
02 중앙안전관리위원회, 제4차 국가안전관리기본계획, 2019, 12면.

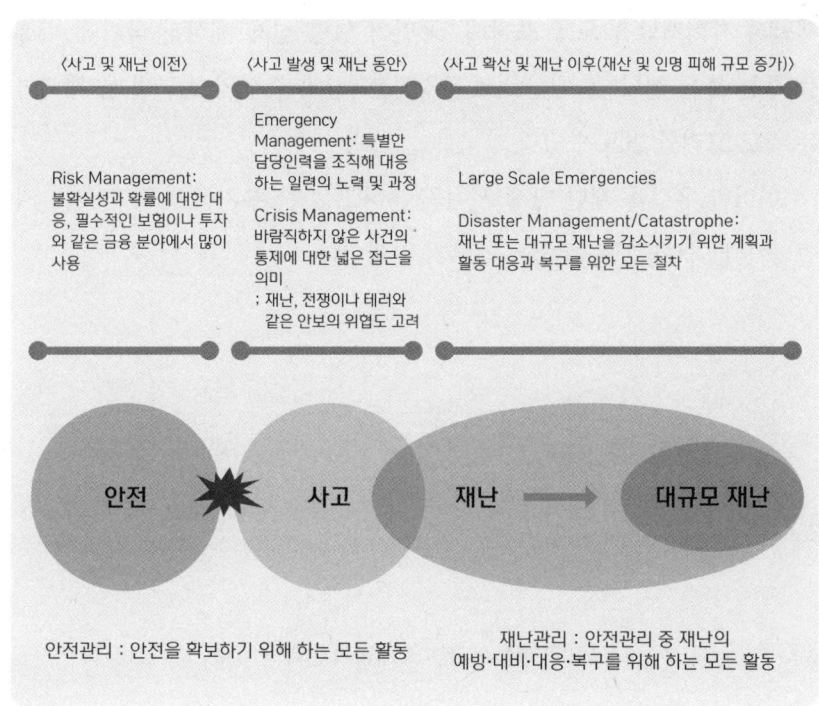

출처: 저자 구성.

[그림 2] 사고와 재난의 구분을 통한 안전관리와 재난관리의 이해

## 2) 자연재난과 사회재난 유형 구분의 문제점

앞으로는 다양한 자연적·사회적 요인을 포괄적으로 설명할 수 있도록 재난 개념을 새롭게 정립할 필요성이 제기되고 있다. 즉, 자연적 요인과 사회적 요인이 복합적으로 작용해 발생하는 재난을 포괄하는 이른바 복합재난에 대한 좀 더 깊은 연구와 논의가 필요하다고 할 것이다.

모든 재난 유형에 대한 접근(all hazards approach)의 개념에 따라 자연재난과 사회재난을 모두 포괄해 "국민의 생명·신체·재산과 국가에 피해를 주는 모든 현상"을 재난으로 통칭하는 '결과 중심의 접근법'을 채택하는 것도 고려할 필요가 있다.[03]

이러한 유형을 재난 발생 시에 구분하고 소관 부처를 따지다 보니 지연되거나 의사결정을 못하는 경우가 발생한다.

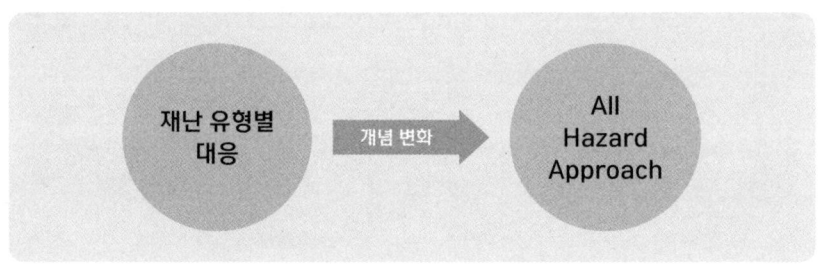

[그림 3] 통합적 재난의 개념의 변화의 이해

그러한 점에서 볼 때, 재난관리에서 자연재난과 사회재난을 구분해 별도로 규율하는 것을 고려할 필요가 있다. 즉, 현재의 「재난안전법」은 기본법의 지위를 가지고 있음에도 불구하고 자연재난에 대해서는 「자연재해대책법」의 규정들이 우선적으로 적용돼 「재난안전법」의 규정들은 사회재난에 한정돼 적용된다. 「재난안전법」은 기본법의 성격을 가지고 있으면서 동시에 사회재난에 적용되는 개별법의 성격을 가지고 있다고 할 수 있다.

---

03 중앙안전관리위원회, 제4차 국가안전관리기본계획, 2019, 4면.

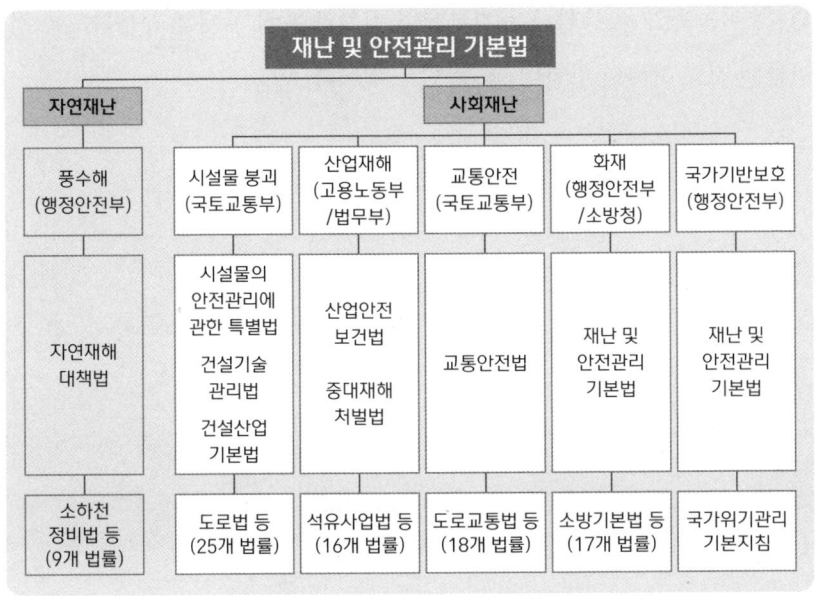

* 이해를 위한 주요 구분(사실상 더 복잡한 체계로 구성됨).

[그림 4] 재난 및 안전관리 기본법의 구성

특히 사회재난은 앞서 본 것처럼 발생 원인을 특정짓기 어렵다는 이유로 사회재난이 발생할 우려가 있는 분야를 규율하는 법률들에 재난의 예방 등에 대한 규정이 흩어져 있다. 이는 자연재난과 사회재난에 통일적으로 적용될 수 있는 기본법이라는 「재난안전법」의 체계적인 지위에 영향을 미친다고 할 수 있다. 여러 가지 형태의 재난이 동시에 발생하는 복합재난이 급증하는 추세에 적응할 수 있기 위해서는 여러 법령에 흩어져 있는 재난관리에 대한 규정들을 정비해서 통합하거나 각 법령 사이의 관계를 명확히 규정하는 방안을 모색해야 할 필요가 있다. 이를 위해서는 사회재난과 자연재난을 관할하는 법률을 각각 별도로 제정하고 「재난안전법」은 이들을 모두 통합하는 기본적인 원칙과 조직 체계를 규율하도록 정리하는 것도 하나의 방안이 될 수 있을 것이다.

## 20대 국회 주요 법안: 「재난 및 안전관리 기본법」의 개선과 입법 과제*

10.29. Disaster

우리나라의 재난 및 안전사고에 대해 지속적으로 지적되는 문제점은 여러 가지가 있다. 가장 큰 문제는 재난과 안전 관련 법 체계가 지나치게 복잡해서 법 적용의 우선순위를 쉽게 파악할 수 없다는 것이다. 책임 있는 의사결정자들이 재난에 대한 최초 판단이나 의사결정이 늦어지면서 초기 대응이 지연되고, 이로 인해 단순한 사고가 대규모 복합재난 피해로 이어질 가능성도 존재하므로 이를 개선하기 위한 입법 노력이 필요하다.

### 1) 자연재난인지 사회재난인지 판단으로 인한 초기 대응 지연 개선 필요

「재난 및 안전관리 기본법」에서는 같은 법 제3조 제1항 가목에 따라 발생하는 사건 또는 사고에 대해서는 그 규모에 상관없이 무조건 '자연재난'으로 분류한다. 같은 항 나목에서 규정하는 사건 또는 사고에 대해서는 행정안전부 장관이 그 규모를 판단해 '사회재난'이 되는 것으로 규정

---

* 이동규(2020). 봄 제44호. 국회입법조사처.

하고 있다. 이렇듯 자연재난과 사회재난을 구분해서 규율하는 것은 갈수록 그 위험성의 증대가 지적되고 있는 복합(대규모) 재난의 경우 초기 대응 과정에서 혼란을 야기할 우려가 있다.

현행 법에 따르면, 어떠한 사건이나 사고가 발생하면 현장에 도착한 최초 대응자는 그것이 사회재난인지 자연재난인지를 판단해야 한다. 사회재난으로 여겨지는 경우에는 이를 행정안전부에 보고하고, 행정안전부에서는 「재난 및 안전관리 기본법」이 적용되는 사회재난이라고 인정하는 경우에 한해 중앙재난안전대책본부의 지휘를 기다려 재난의 대응에 임하게 된다. 이러한 경우, 중앙재난안전본부의 판단과 지시를 기다리는 시간 동안에 현장의 지휘권에 공백이 발생할 우려가 있으며, 중앙재난안전본부의 지휘권 자체에 혼란을 야기할 요소가 있다.

나아가 중앙재난안전대책본부가 현장의 지휘와 정부기관들의 조율까지 담당하는 것은 업무 부담이 과중할 수 있다. 이 모든 사항은 재난 대응을 할 때 귀중한 시간이 낭비될 것에 대한 우려를 야기한다.

특히 사회재난의 경우 「재난 및 안전관리 기본법」이 적용되는 것인지의 판단을 행정안전부 장관이 하게 된다. 그 판단에 따라 중앙재난안전대책본부가 설치된다. 원칙적으로 행정안전부 장관이 재난에 대한 대응을 지휘하게 된다. 이러한 경우, 중앙재난안전대책본부에서 현장에 대한 지휘권을 행사할 때까지 재난 현장에서 지휘권의 공백이 발생할 우려가 있다.

## 2) 중앙에서 총괄하는 방식의 재난 대응의 한계 개선 필요

「재난 및 안전관리 기본법」에 따르면, 재난 대응의 책임과 지휘권은 '중앙재난안전대책본부장'에게 귀속된다(같은 법 제15조 제3항). 이러한 중앙집중식의 재난 대응 체계는 다음과 같은 문제가 있다.

첫째, 중앙재난안전대책본부장이 중앙사고수습본부장을 지휘할 수 있도록 하고 있으나 조직 직제상 동일한 지위에 있는 장관이 다른 장관을 지휘하도록 한다는 점에서 실효성을 발휘할 수 있는지에 대한 의문이 제기된다.

둘째, 지역재난안전대책본부는 중앙사고수습본부장의 지휘를 받음에 반해 중앙 및 지역긴급구조통제단은 중앙재난안전대책본부장의 지휘를 받고 있어 지휘권이 중첩되는 문제가 있다.

셋째, 지역재난안전대책본부는 중앙재난안전대책본부장과 중앙사고수습본부의 지휘를 동시에 받게 돼 있어 이 역시 지휘권의 중첩이 발생할 수 있다.

넷째, 현행 법률에 근거한 중앙재난안전대책본부 중심의 지휘 체계는 재난 대응 현장에서 불필요한 시간의 지연을 강요하게 될 가능성이 크고, 신속한 대응이 이뤄지기 어렵게 하는 문제점이 있다.

## 3) 「재난 및 안전관리 기본법」의 '안전관리'의 모호한 경계 개선 필요

안전의 사전적 의미는 "위험이 생기거나 사고가 날 염려가 없음 또는 그런 상태"다. 즉, 어떠한 사고의 예방을 위한 사전적 활동에 의해 위험 또는 사고 발생하지 않고 있는 상태라고 할 것이다. 이는 크게 사고로부터의 안전 내지는 개인적 안전(이하 '생활안전'이라 한다)과 재난으로부터의 안전 내지는 사회적 안전(이하 '사회안전'이라 한다)으로 구분할 수 있다.

생활안전은 주로 사적인 관점에서 개인 책임 원칙이 지배하는 사법 규정이 적용된다. 반면에 사회안전은 주로 공적인 관점에서 사회적 책임에 대한 공법 규정이 적용된다. 이러한 사실은 양자에 대해 적용되는 법제도가 크게 상이하다는 것을 의미한다.

사회안전의 개념은 재난의 예방·경감의 개념과 명확히 구분되지 않는데 문제가 있다. 사고/재난 또는 생활안전/사회안전의 개념은 그 규모에 따라 구분된다고 하지만 그 경계는 불분명하다. 특히 위험시설물 등과 같은 경우에는 단순한 사고가 재난으로 이어질 수 있기 때문이다. 이는 사고로부터의 안전과 재난으로부터의 안전을 명확하게 구분하기가 어렵다는 것을 의미한다. 따라서 어디까지가 사고로부터의 안전, 즉 개인적 책임의 영역에 해당하는지 그리고 어디서부터 재난으로부터의 안전, 즉 사회적·국가적 책임의 영역이 시작되는지를 구분할 수 없다.

개별 부처별로 안전관리에 대한 법률들은 무수히 많고, 그로 인한 개별 법률의 상충 문제 등이 흩어져 있다. 특히 재난의 예방 업무를 담당하는 재난관리책임기관과 재난 발생 시 그에 대한 대응 업무를 담당하는 재난관리주관기관이 설치돼 있어 업무의 중첩 또는 공백이 발생할 가능성이 있다. 나아가 각 개별법에서 안전관리 업무를 담당하는 별도의 기관이 존재하는 경우에는 법률의 적용 및 집행 시에 혼란을 야기한다.

이는 「재난 및 안전관리 기본법」에 의한 재난관리책임기관 및 재난관리주관기관과 각종 관련 법률에 의한 안전관리 소관 부처들 사이에서 권한의 불명확성 내지는 권한의 충돌로 이어질 수도 있다. 따라서 기본 개념의 명확한 정립과 함께 관련 법률에 대한 체계적인 정합성 검토 등 정비가 필요하다.

안전의 확보와 재난의 예방에 대한 사항과 '안전권의 법제화'를 통해 달성하려는 목적들(위험정보에 대한 국민의 알 권리 확대, 민간 안전관리의 책임성 강화, 재난 복구 과정에서의 회복력 강화 등)을 현행의 「재난 및 안전관리 기본법」의 개정·강화를 통해서 달성해야 한다.

### 4) 미국의 제도적 노력에 대한 정책학습이 필요한 시점

미국은 국가 재난관리의 기본이 되는 법률인 스태퍼드법(Stafford Act)에서는 재난의 개념을 비상사태(emergency)와 주요 재난(major disaster)으로 구분하고 있다. '비상사태'는 생명을 구하고, 재산과 공중의 보건과 안전을 보호하며, 또는 미국의 일부에 가해지는 재난의 위협을 경감시키거나 회피하기 위한 주정부 또는 지방정부의 활동과 역량에 연방의 지원이 필요하다고 대통령이 인정하는 모든 상황이다. 현장 실무자들은 사고 발생 이전은 비상사태로 집행하고 적용하면 된다.

반면에 사고 발생 동안과 이후는 '주요 재난'으로 규정하고 접근한다. 미국 내에서의 태풍, 폭풍, 해일, 지진, 화산 폭발, 산사태, 가뭄 등을 포함하는 자연재해 또는 원인을 불문하는 모든 화재, 홍수 또는 폭발 등으로 인해 발생한 손해, 손실, 고난 또는 역경을 감소시키기 위한 주정부, 지방정부 및 재난구호단체들의 노력과 가용한 자원에 대해, 대통령의 결정에 따라 이 법(Stafford Act)에 의한 지원을 보장하도록 하는 정도의 심각한 피해를 야기하는 모든 상황을 의미한다.

행정이나 관리 업무를 집행하는 관점에서 '재난의 원인'이나 사회재난인지 자연재난인지를 불문하고 사고 발생을 기준으로 피해의 정도에 따라서 재난에 대한 효율적이고 통합적인 재난관리가 이뤄지고 있는 것이다.

미국은 현장지휘 체계가 확립돼 있어, 재난에 대한 대응은 원칙적으로 현장의 지휘관에 의해 이뤄진다. 중앙정부와 각급 지방자치단체를 비롯한 정부기관들은 그러한 현장의 대응활동을 지원하는 데에 주력하고 있다. 우리의 기준으로 재난관리 업무 총괄기관이라 할 수 있는 연방재난관리청(FEMA)의 주요 역할은 현장에 필요한 각종 자원의 지원하는 데 각 정부기관들을 조율하는 것이다. '총괄'이 아닌 지원이나 협력을 '조정'하는 것이 핵심 역할인 것이다.

# 3

# 국민의 생활안전과 재정의 역할 : 재난·안전 재원의 배분적 효율성을 제고하기 위한 합리적 방안*

10.29. Disaster

## 1) 국민의 생활안전을 보장하기 위한 재정의 역할

국민의 '생활안전'은 국민의 생명과 신체 및 재산을 안전하게 보호하고, 확보하기 위한 활동을 통해 사회적 손실을 최소화하는 것이다. 또한 사회적 약자인 여성·청소년·장애인·노인 관련 생활안전 수요에 적극 대처하고, 고객 중심의 생활안전을 구축하기 위한 행정 기반 조성, 지역사회 활동을 통한 대국민 서비스 향상 등이 사업 목적으로 제시될 수 있다.

'생활안전'에 대한 명확한 범위와 선정의 기준이 학술적으로나 실무적으로 상당히 어려운 과제로 지적되고 있다. 왜냐하면 첫째, 학술적으로 위기(crisis), 보건(health), 그리고 재난(disasters) 관련 관리(management)는 개인, 집단 또는 조직이 수행하는 '최초의 조치'이자 그 자체가 잠재적이고 명시적인 피해에 대한 '생활안전'에 대한 예방이기 때문이다.

둘째, 안전(safety)의 사전적 의미는 "위험이 생기거나 사고가 날 염려

---

\* 월간 나라재정 2020년 3월호.
https://www.fis.kr/ko/notification/data/monthly_country_finance?articleSeq=1034

가 없거나 그런 상태"다. 어떠한 사고의 예방을 위한 사전적 활동에 의해 위험 또는 사고가 발생하지 않고 있는 상태를 의미한다. 이러한 정의를 근거로 사고로부터의 '생활안전'과 재난으로부터의 '사회안전'으로 구분할 수 있다. 따라서 '생활안전'은 주로 사적인 관점에서 개인 책임 원칙이 지배하는 사법 규정이 적용될 수 있고, 사회안전은 주로 공적인 관점에서 사회적 책임에 대한 공법 규정들이 적용된다고 주장할 수 있다. 이러한 사실은 양자에 대해 적용되는 법제도가 크게 상이할 수 있다는 것을 의미한다. 하지만 실제로 적용되는 법제도에서는 사고와 재난, 생활안전과 사회안전의 개념 구분은 모호하거나 실익이 없다. 왜냐하면 단순한 사고가 재난으로 이어지는 특징이 있고, 개인적 책임 영역에 해당하는지 여부인 생활안전 범위와 사회적 책임과 국가적 책임(안보, security) 영역에 해당하는지 여부인 사회안전 범위와 관련한 근거 규정이 모호하게 제시돼 있기 때문이다.

따라서 국민의 생활안전 관련 예산은 재난·안전 예산으로 포괄적이고, 관련 재정의 역할도 경제, 사회, 환경, 과학기술, 그리고 국가안보의 군사 등 다양한 분야로 확대되기에 관련 예산·사업이 각 부처·지자체별로 중복성·유사성·대표성으로 산재하거나 혼재하는 것이다.

## 2) 재난·안전예산 사업 선정 방식의 문제점

세월호 사고 이후, 당시 국민안전처(현 행정안전부)에 재난·안전 예산의 재정적 대표성, 전문성, 그리고 효과성을 제고하기 위해 각 부처의 재난안전 관련 예산에 대한 '재정예산사전협의권'을 부여했다. 2014년 9월에 갑자기 제도가 도입돼 2015년부터 재난·안전 예산 사전 협의와 재난·안전사업 평가를 근거로 2016 및 2017 회계연도에 반영했다. 오늘날에도 행정안전부 주도로 각 부처의 재난·안전예산 요구(안)에 대한 객관적 검토(투자 우선순위, 재난안전사업 평가 결과 연계) 결과인 사전 협의(안)를 기획재정부에 제출한다. 기획재정부는 국가재정 상황과 재정 운용 원칙 등 부득이한 사유가 있는 경우를 제외하고 통보받은 결과를 토대로 재난·안전관리 사업에 관한 예산안을 편성한다.

재난안전법 제10조의2(재난 및 안전관리 사업예산의 사전 협의 등)에 근거하면 '재난·안전사업'은 재난·안전관리 '관련' 사업이고, '재난·안전예산'은 재난안전 '관련' 예산이다. 다만 재난안전법에 재난·안전관리의 개념 및 범위에 대한 명확한 근거 규정이 없기에 재난·안전의 '관련'이라는 모호한 기준만 충족되면 재난·안전사업이자 예산이 되는 방식이다. 따라서 각 예산 소관 부처별로 그에 따른 세부 분류 체계와 기준이 달랐고, 재난·안전 '관련' 사업으로 고유성과 대표성 관점에서 자의적으로 해석할 여지가 충분했다.

시간이 지나면서 각 부처에서는 예산·사업에서 재난관리와 안전관리를 정확하게 구분하기보다는 재난·안전관리로 포괄적이거나 모호하게 또는 총괄적으로 표현하는 업무 관행이 나타났다. 이 두 영역을 구분할 필요가 있다고 판단(사실 이 판단도 부처의 주관성이 반영되거나 고유 재량으로 간주되기 쉬움)하는 경우에 한해 재난·안전관리에서 재난관리를 제외한 부분을 '안전관리' 영역으로 간주했다. 요약하면, 재난관리와 안전관리에 대한 명확한 기준이나 근거가 없이 사전 협의 대상으로만 재난·안전사업을 정하도록 하고 있기에 각 부처의 재난안전 예산의 범위와 분류 체계에 대한 적절성을 확보하기 위한 노력은 부족했고, 이는 신뢰성 관점에서 재난·안전예산 사업 선정 제도와 관련한 문제로 이어지게 됐다.

### 3) 재난·안전예산 사업의 배분적 효율성 개선 방안

기획재정부의 예산 작성 편의를 위한 포괄 범위·사업 성질별 재난안전 예산 분류 체계는 직접적 재난안전사업(S1)과 직·간접적 재난안전사업(S2)으로 구분하고 있다. 반면에 행정안전부는 ①자연재난 유형, ②사회재난과 안전사고 유형, ③재난·안전일반 유형 등 세 가지로 구분해, 피해 유형별 재난·안전 예산 분류 체계를 정립하고 있다. 사실상 기획재정부와 행정안전부는 이질적인 재난·안전 관련 예산 분류 체계를 통해 사전 협의를 하는 것이고, 재난·안전 관련 예산 선정의 명확한 기준 없이 기획재정부의 예산 작성 편의와 행정안전부의 총액 예산 배분의 편의성만을 강조하는 것이다. 따라서 각 부처와 지방자치단체의 소관 사업을 담당하는 조직이나 개인은 혼란이 가중될 수 있다. 왜냐하면 기획재정부가 강조하는 총액예산배분 자율편성 예산제도의 취지와 행정안전부의 재난예산 사전 협의 제도의 취지가 서로 부합하지 않기 때문이다.

기획재정부는 부처 간의 형평성과 자율성을 강조하면서, 부처별로 안전 관련 개별 법률에 근거해 5개년 국가재정 운용계획을 수립하고, 이를 근거로 분야별 및 부처별 지출 한도를 설정한다. 그리고 지자체의 재난·안전의 특수한 취약성을 고려하기보다는 최근 3년 또는 5년의 연평균 피해 규모를 산정해서 예산을 배분하는 방식을 선호하고 있다. 따라서 각 부처에서는 기재부의 예산 배분 취지와 논리, 그리고 개별 부처의 안전

'관련' 개별 법률 등을 근거로 행정안전부의 '사전협의권' 자체가 형평성과 자율성을 침해하는 요소라고 주장할 수 있다. 또한 지자체에서 발생했던 경주 및 포항 지진과 메르스 및 코로나바이러스감염증(COVID-19) 사례처럼 자연재난의 대주기가 존재하거나 신종 감염병의 출현 등으로 인한 불확실성은 '평균'으로 추정할 수 없는 '위험'이라는 사실이다. 따라서 이런 사례들이 현재의 재난·안전사업 선정이나 사전 협의 방식에서 아예 존재하지 않는 사업이나 예산일 수 있다는 것이다.

재난·안전 예산관리를 총괄적이고 전략적으로 관리하기 위해서는 배분적 효율성(allocative efficiency)을 제고하기 위한 합리적 방안을 마련해야 한다.

첫째, 국가 및 지자체의 재난안전 예산 선정 기준 개발을 통해 재난·안전예산 선정-재난·안전관리계획 논리적 연계와 재난·안전 예산 투자 규모 및 세부 분류 항목 분석·평가·환류 실효성 제고 방안을 수립해야 한다.

둘째, 재난·안전관리 예산 분류 체계를 통합적으로 제시(기능 분류, 유형 분류, 단계 분류 등)하기 위한 제도적 노력이 필요하다.

셋째, 재난 피해 파급력 관점에서 경제적 피해 규모와 재난 피해 원인 분석을 통한 정성적 평가와 연계하고, 잠재적 및 미래 위험에 대비한 가칭 '재난·안전미래영향평가제'를 도입해야 한다. 이를 재원 배분의 합리적인 근거로 활용해야 한다.

넷째, 기존의 예비비와 특별재난지역 선포로 인한 교부세 지원 등의 예산-집행 여부-결산 규모를 분석해, 국가 및 지자체 차원의 시급성이나 지속가능성 관점에서 체계적인 예산 투입-집행계획 및 관리 체계를 정립해야 한다.

# 4

# 통합적인 국가안전 계획을 수립할 때다*

10.29. Disaster

지난 2017년 5월 20일 문재인 정부의 '집권 100일 플랜'이 공개됐다. 이에 따르면, 국민안전처를 폐지하고, 행정자치부는 다시 안전행정부로 돌아가 재난 컨트롤타워 구실을 맡게 될 것으로 보인다. 행정 및 자치 업무와 안전 업무의 연관성으로 인해 안전행정부로 회귀하는 것이 적합하다고 판단한 것이다. 하지만 관료조직의 속성을 조금이라도 이해하고 있다면, 이러한 조직 개편은 정부의 재난관리 역량을 약화시키는 결과를 예상할 수 있다.

우려되는 것들을 보면, 첫째, 먼저 장관과 조직의 주 업무가 행정 및 자치 업무 위주로 진행될 가능성이 있고, 그렇게 되면 재난안전 관련 예산이 삭감되거나 조직 내에서 안전과 관련된 실·국은 승진에서 밀린 관료들로 배정될 가능성이 있다. 둘째, 재난관리 경험이 부족한 공무원들이 순환근무를 하게 되는 방식으로 회귀될 수 있다. 따라서 모든 유형의 재난에 종합적 또는 통합적으로 접근하는 관리 방식이 가능하지 않거나 소

---

* 서울신문, 입력: 2017-05-22 22:38, 수정: 2017-05-22 22:42
  출처: https://www.seoul.co.kr/news/newsView.php?id=20170523031007&wlog_tag3=naver

홀히 다뤄질 것이다.

세월호 참사가 발생했을 때 사고를 보고받고도 당시 안행부 장관이 경찰 졸업식 행사에 참여해 사고 현장에 가야 할지 중앙재난안전대책본부로 가야 할지를 놓고 우왕좌왕하다가 결국 중앙재난대책본부에 오후 5시가 돼야 복귀한 점, 장관과 차관 그리고 주요 보직자들이 재난관리 경험이 없다 보니 해양 사고와 관련된 용어와 경위를 이해하기 위해 시간을 허비한 점, 각 부처의 사고수습본부가 13개나 구성돼 정보 공유가 지연되면서 사고 수습에 혼선이 발생해 법규정에도 없는 국무총리 주도의 '범정부대책본부'가 운영된 점 등을 잊으면 안 된다.

안전처가 없어지면 이런 취약성이 또 노출될 것이다. 안전처를 신설한 것은 현장 대응 역량을 강화해 재난 대응 컨트롤타워의 역할을 충실히 수행할 수 있도록 하기 위해서였다. 이러한 노력에도 2015년 중동호흡기증후군(MERS) 사태, 그리고 2016년 경주 지진 및 태풍 차바, 2022년 강원 삼척 대형 산불 등의 재난에 대해 여전히 안전처의 역할과 권한에 대해 많은 비판이 이뤄지고 있다.

특히 여러 조직을 한 곳에 '욱여넣은' 안전처가 그 조직들을 효율적으로 총괄 또는 조정의 역할을 수행하지 못하고 있다고 지적한다. 하지만 이는 신생 조직인 안전처의 숙명이자 학습이 여전히 필요한 조직으로 접근해야 한다.

안전처의 폐지보다는 오히려 국민안전부로 조직의 위상을 격상해야 한다. 국민의 안전을 위협하는 테러와 사이버 범죄, 사회·자연재난 등 위협의 유형이나 원인 등이 다양해지고 있다. 이처럼 다양해지고 복합적인 재난을 통합 관리하는 주체가 분명하게 존재해야 한다.

장관을 사회부총리로 격상시켜 '국민안전관계장관회의'를 정기적 또는 비정기적으로 주재하는 방안도 제시해 본다. 여러 부처에 분산돼 있는 광범위한 재난 및 안전정책 분야에서의 총괄 및 조정 기능을 이해시키고 협조를 구해야 하기 때문이다. '국민안전정책조정회의' 규정을 신설하고, 일관성 있는 재난관리 정책을 수립해야 한다. 주요 재난 원인 또는 유형을 담당하는 주관 부처들 간 업무 조정의 한계로 인해 대규모 재난이 발생한 사례를 공유해야 한다.

회의 의장을 국민안전부 장관이 맡아서 안건 선정, 회의 소집, 회의 주재 등을 주관해야 한다. 재난, 안전, 비상관리 등 관련 있는 관계 부처 장관과 국무총리실장, 에너지·통신·교통·금융·의료·수도 등 관계 위원장, 대통령실 정책실장 또는 국가상황실장 등이 모두 참석해야 한다. 또 청와대 직제에 국민안전정책특별보좌관을 신설해 국민안전관계장관회의 및 국민안전정책조정회의 등을 주관하는 간사를 맡게 해야 한다.

이러한 노력들이 통합적인 국가안전 비상계획을 수립해 재난관리를 담당하는 기관들을 기능적으로 재분류하는 것이 가능하게 할 수 있다. 테러 예방, 사이버 방어, 재난 경감, 통합 대응, 재난 복구 및 복원, 환경오염사고 대비, 감염병 대비, 가축·식물 전염병 대비, 원자력 사고 대비, 식품 및 의약품 사고 대비 등을 점검하고 개선해야 한다.

# 5

# 재난안전 분야에서 고려해야 하는
# 네 가지 개념

10.29. Disaster

　재난안전 분야는 단일 재난 유형이 아니라 재난의 연쇄적 파급 효과와 복합재난의 관점에서 접근할 필요가 있다. 또한 재난의 발생 중 또는 발생 후의 사후 대응보다 사전 예측과 대비를 통한 완화 또는 개선의 중요성이 부각돼야 한다.

　또한 재난과 안전을 관리하려면 인공지능(AI) 및 데이터에 기반한 예측 행정을 바탕으로 사물 및 주체 고유의 취약성과 연쇄 파급에서의 중요성을 고려해 우선순위 설정 또는 조정을 선정해서 제한된 행정자원 활용 효율화와 최적화가 필요하다. 그리고 신속한 의사결정을 위해 보이지 않는 위험과 위해(危害)의 정도를 직관적으로 파악할 수 있도록 시각화하고, 행정적 개입 우선순위를 선정하기 위해 재난안전 데이터를 활용한 예측 행정을 도입하는 것도 중요한 의제로 고려될 필요가 있다. 즉, 눈부시게 발달하고 있는 현대의 각종 기술을 재난관리의 영역에 적극적으로 반영해 좀 더 정확한 예측을 가능하게 하고 신속한 의사결정이 이뤄지도록 하며, 재난 현장의 대응자들에게 현장과 관련한 정보를 실시간으로 제공해 재난 상황의 발전에 대처할 수 있도록 하는 등의 재난 대응 활동이 이뤄지도록 할 필요가 있다.

---

**재난안전법에서 전제해야 하는 기본 개념(Underlying Concepts)**
- 아래 네 가지 성격을 공통적으로 고려할 필요가 있음.

**기본 개념 1.** "Connected Disaster & Safety"

- 현대의 재난안전 문제는 분리된 관점에서 볼 수 없으며 재난의 '**연쇄적 파급과 복합재난의 관점**'으로 파악할 필요

**기본 개념 2.** "Anticipatory & Preparatory Administration"

- 최근 국내외 재난관리 행정의 초점은 사후 대응에서 '**사전 예측과 예방**'으로 이동

**기본 개념 3.** "AI·Data-evidence based Vulnerability & Importance"

- 재난안전 관련 예측행정의 주안점은 사물 및 주체 고유의 '**취약성**'과 연쇄 파급에서의 '**중요성**'을 동시에 고려하는 것
- AI·데이터 기반의 우선순위(priority) 설정 또는 조정을 통한 제한된 행정자원 활용 효율화 및 최적화

**기본 개념 4.** "Visible Risk & Hazards"

- 보이지 않는 위험(risk)과 위해(hazards)의 정도를 직관적으로 파악할 수 있도록 가시화(시각화)

# 재난관리책임기관의 역할과 책임 방향

10.29. Disaster

재난관리책임기관이란 재난관리 업무를 행하는 ① 중앙행정기관 및 지방자치단체와 ② 지방행정기관·공공기관·공공단체(여기에는 이들 단체의 지방조직이 포함된다), 그리고 재난관리의 대상이 되는 중요시설의 관리기관 등으로서 대통령령으로 정하는 기관을 포함한다(제3조 제5호). **이들 기관은 국가핵심기반 보호계획과 기능연속성 계획 수립에서 성과관리 기반의 평가 및 환류를 적극적으로 수행할 필요가 있다.** 왜냐하면 이러한 재난관리책임기관들은 기본적으로 ① 국가와 지방자치단체는 재난이나 그 밖의 각종 사고로부터 국민의 생명·신체 및 재산을 보호, 재난이나 그 밖의 각종 사고를 예방하고 피해를 줄이기 위하여 노력, 발생한 피해를 신속히 대응·복구하기 위한 계획을 수립·시행하여야 하며, ② 대통령령으로 지정한 재난관리책임기관의 장은 소관 업무와 관련된 안전관리에 관한 계획을 수립하고 시행, 그 소재지를 관할하는 특별시·광역시·특별자치시·도·특별자치도(시·도)와 시·군·구(자치구를 말한다)의 재난 및 안전관리 업무에 협조할 기본적 책무가 있기 때문이다(제4조). **대통령령으로 정하는 기관으로는 다음의 것들이 있다**〈표 1〉 참조).

〈표 1〉 재난관리책임기관(제3조 관련)

| 재난관리책임기관 | |
|---|---|
| 1. 재외공관 | 51. 한국전력거래소 |
| 2. 농림축산검역본부 | 52. 서울올림픽기념국민체육진흥공단 |
| 3. 지방우정청 | 53. 한국지역난방공사 |
| 4. 국립검역소 | 54. 삭제 (2017. 1. 6.) |
| 5. 유역환경청 또는 지방환경청 | 55. 한국관광공사 |
| 6. 지방고용노동청 | 56. 국립자연휴양림관리소 |
| 7. 지방항공청 | 57. 한국마사회 |
| 8. 지방국토관리청 | 58. 지방자치단체 소속 시설관리공단 |
| 9. 홍수통제소 | 59. 지방자치단체 소속 도시개발공사 |
| 10. 지방해양항만청 | 60. 한국남동발전주식회사 |
| 11. 지방산림청 | 61. 한국중부발전주식회사 |
| 12. 시·도의 교육청 및 시·군·구의 지역교육청 | 62. 한국서부발전주식회사 |
| 13. 한국철도공사 | 63. 한국남부발전주식회사 |
| 14. 서울메트로 | 64. 한국동서발전주식회사 |
| 15. 서울도시철도공사 | 65. 한국수력원자력주식회사 |
| 16. 한국농어촌공사 | 66. 「유료도로법」 제10조에 따라 유료도로관리청으로부터 유료도로관리권을 설정받은 자 |
| 17. 한국농수산식품유통공사 | 67. 삭제 (2020. 6. 2.) |
| 18. 한국가스공사 | 68. 삭제 (2020. 6. 2.) |
| 19. 한국가스안전공사 | 69. 삭제 (2020. 6. 2.) |
| 20. 한국전기안전공사 | 70. 공항철도주식회사 |
| 21. 한국전력공사 | 71. 서울9호선운영주식회사 |
| 22. 한국환경공단 | 72. 여수광양항만공사 |

| | |
|---|---|
| 23. 수도권매립지관리공사 | 73. 한국해양교통안전공단 |
| 24. 한국토지주택공사 | 74. 사단법인 한국선급 |
| 25. 한국수자원공사 | 75. 한국원자력환경공단 |
| 26. 한국도로공사 | 76. 독립기념관 |
| 27. 인천교통공사 | 77. 예술의전당 |
| 28. 인천국제공항공사 | 78. 대구도시철도공사 |
| 29. 한국공항공사 | 79. 광주광역시도시철도공사 |
| 30. 삭제 (2017. 1. 6.) | 80. 대전광역시도시철도공사 |
| 31. 삭제 (2017. 1. 6.) | 81. 부산항만공사 |
| 32. 국립공원공단 | 82. 인천항만공사 |
| 33. 한국산업안전보건공단 | 83. 울산항만공사 |
| 34. 한국산업단지공단 | 84. 경기평택항만공사 |
| 35. 부산교통공사 | 85. 의정부경전철주식회사 |
| 36. 국가철도공단 | 86. 용인경량전철주식회사 |
| 37. 국토안전관리원 | 87. 신분당선주식회사 |
| 38. 한국원자력연구원 | 88. 부산김해경전철주식회사 |
| 39. 한국원자력안전기술원 | 89. 삭제 (2020. 6. 2.) |
| 40. 농업협동조합중앙회 | 90. 삭제 (2020. 6. 2.) |
| 41. 수산업협동조합중앙회 | 91. 삭제 (2020. 6. 2.) |
| 42. 산림조합중앙회 | 92. 삭제 (2020. 6. 2.) |
| 43. 대한적십자사 | 93. 삭제 (2020. 6. 2.) |
| 44. 「하천법」 제39조에 따른 댐등의 설치자(관리자를 포함한다) | 94. 삭제 (2020. 6. 2.) |
| 45. 「원자력안전법」 제20조에 따른 발전용원자로 운영자 | 95. 해양환경공단 |
| 46. 「방송통신발전 기본법」 제40조에 따른 재난방송 사업자 | 96. 가축위생방역지원본부 |

| | |
|---|---|
| 47. 국립수산과학원 | 97. 국토지리정보원 |
| 48. 국립해양조사원 | 98. 항공교통센터 |
| 49. 한국석유공사 | 99. 김포골드라인운영 주식회사 |
| 50. 대한송유관공사 | 100. 경기철도주식회사 |
| | 101. 주식회사에스알 |
| | 102. 남서울경전철 |
| | 103. 제1호부터 제29호까지, 제32호부터 제53호까지, 제55호부터 제66호까지, 제70호부터 제88호까지 및 제95호부터 제102호까지에서 규정한 사항 외에 행정안전부 장관이 재난의 예방·대비·대응·복구를 위하여 특별히 필요하다고 인정하여 고시하는 기관·단체(민간단체를 포함한다) 및 민간업체. 이 경우 민간단체 및 민간업체에 대해서는 해당 단체·업체와 협의를 거쳐야 한다. |

이하에서는 편의를 위해 ① 중앙행정기관과 ② 지방자치단체로, 그리고 ③ 대통령령으로 지정한 재난책임관리기관(이하 지정관리기관'이라 한다)으로 구분하며, 「재난 및 안전관리 기본법」의 체계에 따라 예방, 대비, 대응, 복구의 4단계로 나눠 정리하면 〈표 2〉와 같다.

<표 2> 재난관리책임기관 법령 체계

| 구분 | 내용 |
|---|---|
| 예방 | 1) 공통된 사항<br>• 재난에 대응할 조직의 구성 및 정비<br>• 재난의 예측과 정보전달 체계의 구축<br>• 재난 발생에 대비한 교육·훈련과 재난관리 예방에 관한 홍보<br>• 재난이 발생할 위험이 높은 분야에 대한 안전관리 체계의 구축 및 안전관리규정의 제정, 정비 및 보완<br>• 제26조에 따라 지정된 국가기반시설의 관리<br>• 제27조 제1항에 따른 특정관리대상시설 등의 지정·관리 및 정비<br>• 제29조에 따른 재난방지시설의 점검·관리<br>• 제34조에 따른 재난관리자원의 비축 및 장비·인력의 지정<br>• 그 밖에 재난을 예방하기 위하여 필요하다고 인정되는 사항<br>• 이상의 재난 예방 조치를 효율적으로 시행하기 위하여 필요한 사업비 확보<br>• 다른 재난관리책임기관의 장과 재난을 예방하기 위하여 협조<br><br>2) 재난 및 안전관리 업무 종사자(제29조의2)<br>• 안전행정부 장관 또는 소방방재청장이 실시하는 전문교육 수료<br><br>3) 중앙행정기관<br>• 국가기반시설의 지정 및 관리(제26조)<br>• 긴급안전점검(제30조, 행정기관 한정)<br>• 긴급안전조치(제31조, 행정기관 한정)<br><br>4) 지방자치단체<br>• 재난관리실태 공시(제33조의3, 기초자치단체 한정) |

| 대비 | 1) 공통된 사항<br>• 재난의 수습활동에 필요한 대통령령으로 정하는 장비, 물자 및 자재(재난관리자원)의 비축·관리(제34조 제1항). |

| 재난관리자원(제34조 제1항 관련) |
| --- |
| 1. 포대류·묶음줄 등 수방자재 |
| 2. 시멘트·철근·하수관 및 강재(鋼材) 등 건설자재 |
| 3. 전기·통신·수도용 기자재 |
| 4. 자재·인력 등을 운반하기 위한 수송장비 및 연료 |
| 5. 불도저·굴삭기 등 건설장비 |
| 6. 양수기 등 침수지역 복구장비 |
| 7. 손전등·축전지·소형발전기 등 재난응급대책을 위하여 필요한 소형 장비 |
| 8. 그 밖에 안전행정부 장관 또는 소방방재청장이 재난응급대책 및 재난 복구에 필요하다고 인정하여 고시하는 장비, 물자 및 자재 |

• 재난현장 긴급통신수단의 마련(제34조의2)
• 재난관리가 효율적으로 이루어질 수 있도록 대통령령으로 정하는 바에 따라 기능별 재난대응 활동계획(재난대응활동계획)의 작성·활용

| 재난대응 활동계획(제34조의 4 관련) |
| --- |
| 1. 재난상황관리 기능 |
| 2. 긴급 생활 안정 지원 기능 |
| 3. 긴급 통신 지원 기능 |
| 4. 시설 피해의 응급복구 기능 |
| 5. 에너지 공급 피해시설 복구 기능 |
| 6. 재난관리자원 지원 기능 |
| 7. 교통대책 기능 |
| 8. 의료 및 방역서비스 지원 기능 |
| 9. 재난 현장 환경 정비 기능 |
| 10. 자원봉사 지원 및 관리 기능 |
| 11. 사회 질서 유지 기능 |
| 12. 재난지역 수색, 구조·구급 지원 기능 |
| 13. 재난 수습 홍보 기능 |

• 위기관리표준 매뉴얼, 위기대응 실무 매뉴얼, 현장조치 행동 매뉴얼의 작성·운용(제35조의 5)

| | |
|---|---|
| 대응 | 1) 재난관리책임기관의 장<br>• 기초자치단체장이나 지역통제단장의 요청에 따라 그들의 지휘 또는 조정하에 응급조치 실시, 기초자치단체장 또는 지역통제단장이 실시하는 응급조치에 협력(제37조 제2항)<br>• 재난과 관련한 위험정보의 중앙대책 본부장, 수습본부장, 시·도지사 및 시장·군수·구청장에게 즉시 통보(제38조 제3항)<br>• 재난이 발생하거나 발생할 우려가 있는 경우 즉시 그 소관 업무에 관하여 필요한 응급조치 실시, 시·도지사, 시장·군수·구청장 또는 지역통제단장이 실시하는 응급조치가 원활히 수행될 수 있도록 필요한 협조(제47조)<br><br>2) 재난관리 업무 종사자<br>• 긴급구조에 관한 교육 수료(제56조 제3항)<br><br>3) 지방자치단체<br>• 시·군·구 재난 예보·경보 체계 구축 종합계획 수립(기초자치단체)<br>• 시·도 재난 예보·경보 체계 구축 종합계획 수립(광역자치단체)<br>• 동원명령(제39조)<br>• 대피명령(제40조)<br>• 위험구역의 설정(제41조)<br>• 강제대피 조치(제42조)<br>• 통행 제한(제43조)<br>• 관할 구역 내의 군부대 및 관계 행정기관, 민간기관·단체에 대하여 지원 요청(제44조)<br>• 응급 부담(제45조) |
| 복구 | 1) 공통된 사항<br>• 피해 상황의 신속한 조사, 그 결과의 중앙대책본부장에게 통보(제58조 제1항)<br>• 자체 복구계획의 수립·시행(제59조) |

우리나라의 재난관리책임기관에는 중앙행정기관 및 지방자치단체와 중요 시설의 관리기관 등으로서 대통령령으로 지정하는 기관들이 모두 포함된다. 이는 각 기관들이 재난관리에 관한 일차적 책임이 있음을

그 바탕으로 하는 것으로서 재난관리라는 기능을 중심으로 한 것이라 여겨진다. 그러나 중앙행정기관 및 지방자치단체가 재난관리에 관한 책임을 지고 있음은 당연하다고도 할 수 있는 사실로서 이러한 규정의 취지는 그 밖에도 국가가 일정한 기관을 국가가 재난관리기관으로 지정해 재난관리에 관한 일정한 책임을 지울 수 있음에 있다. 그렇다면, 이러한 재난관리책임기관들이 재난의 관리라는 일차적 목적의 수행을 위해 담당하는 역할에 공통적인 부분이 있다고 할지라도 법적인 권한 및 구체적으로 수행하는 기능 등에서 차이가 있다. 또한 각각의 역할에 따라서 중앙행정기관, 지방자치단체 및 지정에 의한 재난관리기관 등으로 이를 구분해 각각의 역할에 대해 규정하는 것이 각각의 역할에 대해 좀 더 간명하게 파악할 수 있는 방법이 될 것이라 판단된다.

미국의 경우 국가적인 재난관리의 체계가 정비되고 있는 과정에 있기 때문에 이를 우리의 제도와 전면적으로 비교하기에는 다소 무리가 있다. 이 중에서 비교가 가능한 부분은 대응과 복구에 관한 사항이라 할 것이다. 각 기관의 역할과 책임에 대해 시계열적 구성이 아닌 활동의 목적에 따른 구성을 하고 있는 것으로 보인다는 사실은 우리와 미국 재난관리제도의 공통점이다.

재난 대응에서의 차이점은 우리의 경우에는 재난관리책임기관의 하나인 지방자치단체의 장에게 재난 대응과 직접 관련된 동원명령, 대피명령, 강제대피 조치 등의 권한에 대해 구체적인 규정을 두고 있다. 그 밖의 재난관리책임기관의 장에 대해서는 응급조치의 실시 및 응급조치에의 협력과 위험정보의 통보만을 규정하고 있을 뿐이다. 이에 대해 미국의 경우에는 오히려 지방정부의 장에게는 '대응활동에 대한 지시'라고 해서 포괄적인 사항만을 규정하고 있다. 수행하는 기능에 따라 재난관리관이나 각 부처 및 기관 등에게 별도의 역할을 부여하고 있으며, 이들에 대한 역할이 좀 더 상세하다는 점이 특징적이다. 또한 직접적인 재난 대응 활동이 아닌 그의 지원과 관련된 다른 조직과의 협조, 자원의 배분이나 재난관리계획의 조정 등의 역할을 좀 더 중시하고 있는 것으로 보인다. 이는 미국의 재난 대응이 현장 중심으로서 재난에 대한 직접적인 지휘는 현장에 있는 재난지휘관(incident command)을 중심으로 이뤄지고, 지방정부의 장 등은 이를 지원하는 위치에 있음을 반영하는 것이라 여겨진다. 따라서 우리의 경우에도 현장 중심의 대응 체제를 취한다면 이러한 미국의 체계를 참고할 필요가 있을 것이다.

# 7

# 국가 재난대응 체계의 미래 방향

10.29. Disaster

현재 우리나라의 재난대응 체계는 [그림 1]에서 보는 바와 같다.

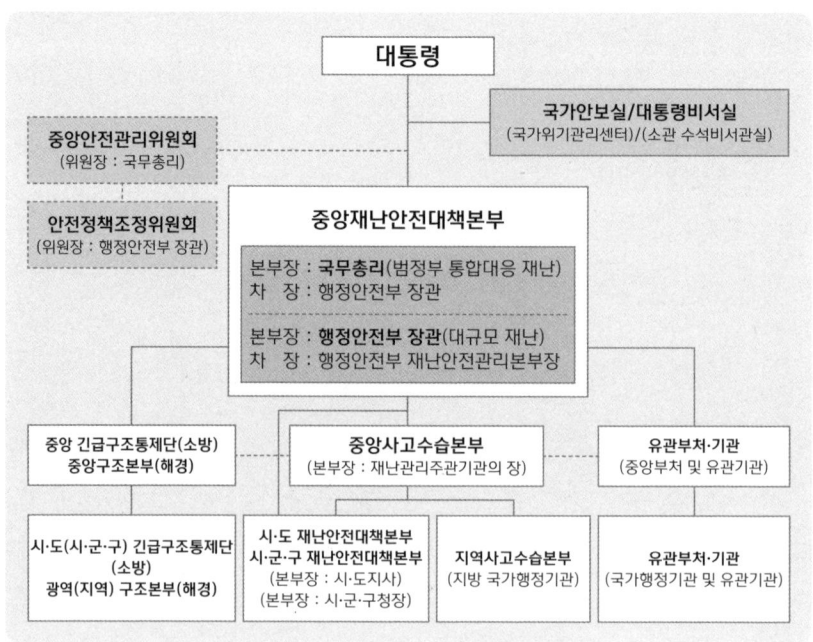

[그림 1] 우리나라의 재난대응 체계

앞의 [그림 1]에서 지적할 수 있는 점은 다음과 같다.

첫째, 현장에서 직접 재난에 대응하는 일선 대응자(first responder)에 대한 지휘권이 누구에게 있는지 규정돼 있지 않다는 점이다. 즉, 지역(시·군·구)통제단, 지역(시·군·구)대책본부, 지역수습본부 중 누가 일선 대응자들에게 지시를 내릴 수 있는지가 불분명하며, 따라서 일선 대응자들은 동시에 두 곳 이상으로부터 지시를 받게 될 우려가 있다. 물론 지역통제단과 지역대책본부 및 지역수습본부는 재난의 대응 과정에서 각기 다른 임무를 수행하므로 그에 따른 지시를 받는 것으로 해석될 수는 있겠지만 그러한 임무들이 서로 충돌하거나 중복돼 현장의 대응에 혼란이 발생하는 경우가 있음을 고려해야 한다.

또한 중앙대책본부와 중앙수습본부 모두가 지역대책본부에 대한 지휘를 할 수 있게 돼 있으므로 지역대책본부는 동시에 상충되는 지시를 받게 될 우려가 있으며, 이 경우 중앙대책본부가 중앙수습본부를 지휘할 수 있음에 비춰 중앙수습본부의 지시는 유명무실해질 수 있다. 따라서 미국의 경우를 참조해 현장지휘와 지원 및 조정의 역할을 명시적으로 구분하는 것을 고려할 필요가 있다고 여겨진다. 즉, 관할권을 가지는 소방서장(또는 해양경찰서장)을 중심으로 기초지방자치단체를 비롯한 재난관리책임기관의 직원들로 구성되는 현장의 일선 대응자들을 모두 통합해 현장에 재난지휘소(Incident Command Post: ICP)를 설치하도록 하고 그 안에서 현장의 대응에 대한 모든 조치가 결정될 수 있도록 하는 것이다.

다만 미국의 경우에는 여러 관할기관이 통합돼 현장지휘부를 구성하는 경우에는 원칙적으로 통합지휘부(Unified Command: UC)를 구성하고, 참여 기관들의 합의를 통해 의사결정을 하도록 하고 있다. 하지만, 현장에서의 대응은 급박한 상황의 변화에 따라 신속한 결정을 필요로 하는 경우가 많을 것이므로 우리나라의 경우에는 해당 재난에 대한 재난관리주관기관의 장 또는 해당 지방자치단체장(지역대책본부저장)이 지명하는 사람으로 하여금 현장 지휘를 담당하도록 하는 것도 검토할 필요가 있다. 이 경우에 현장지휘관이 재난에 대응하는 과정에서 필요한 자원이나 행정적 조치에 대해서는 관할 기초지방자치단체의 지역대책본부에 지원 요청을 하고, 그에 따라 해당 지역대책본부는 자신의 자원으로 지원을 하며, 필요 자원이 부족한 경우에는 인근 기초 지방자치단체 또는 지역대책본부에 자원의 제공을 요청하도록 하는 방식으로 현장의 지휘와 지원의 역할을 구분할 수 있을 것이다. 만일 둘 이상의 기초지방자치단체의 영역에 걸치는 재난이 발생하는 경우에는 각 지역대책본부에의 지원을 조정하기 위해 광역지방자치단체에 지역대책본부를 설치해 필요 자원의 배분에 대한 조정 및 지원을 행하게 될 것이며, 국가 차원의 대응이 필요한 경우에는 중앙대책본부가 그러한 조정 및 지원의 역할을 수행하게 될 것이다.

둘째, 중앙수습본부의 역할이 불분명하다는 점이다. 「재난안전법」에서는 "재난 상황을 효율적으로 관리하고 재난을 수습"하도록 하고 있다. 이에 따라 각 재난관리 주관기관의 중앙사고수습본부 설치 및 운영 등에 관한 규정에서는 피해 상황의 종합관리, 초동 조치 및 지휘, 사상자 긴급구조 및 구급활동 등을 하도록 하고 있다. 이러한 법령을 바탕으로 중앙수습본부가 지역대책본부에 대한 지휘권을 행사할 수 있음은 앞에서 살펴본 것과 같고 사상자의 긴급구조 등은 지역통제단의 역할과 중첩되는 측면이 있다.

대규모의 재난이 발생하는 경우에는 중앙수습본부가 난립하는 등의 문제가 있으며, 나아가 중앙대책본부에 더해 범대본(범정부대책지원본부 또는 범정부사고대책본부)이 자주 설치되고 있다. 중앙사고수습본부가 재난을 대응하는 데 정확한 위치를 차지하지 못하고 있어 중앙정부의 총괄 및 조정의 기능이 혼란을 겪는 것이라는 결론을 내릴 수 있게 한다. 따라서 위에서 살펴본 것처럼 재난에 대한 현장지휘는 현장지휘관에게 위임하고 중앙대책본부는 조정 및 지원 기능을 통합해 운용하도록 하며, 이를 위해 중앙수습본부의 기능을 중앙대책본부에 포함시키는 것도 검토할 필요가 있을 것이다.

위와 같은 점들을 바탕으로 재난대응 체계의 개선 방안을 간단히 도식화하면 [그림 2]와 같다.

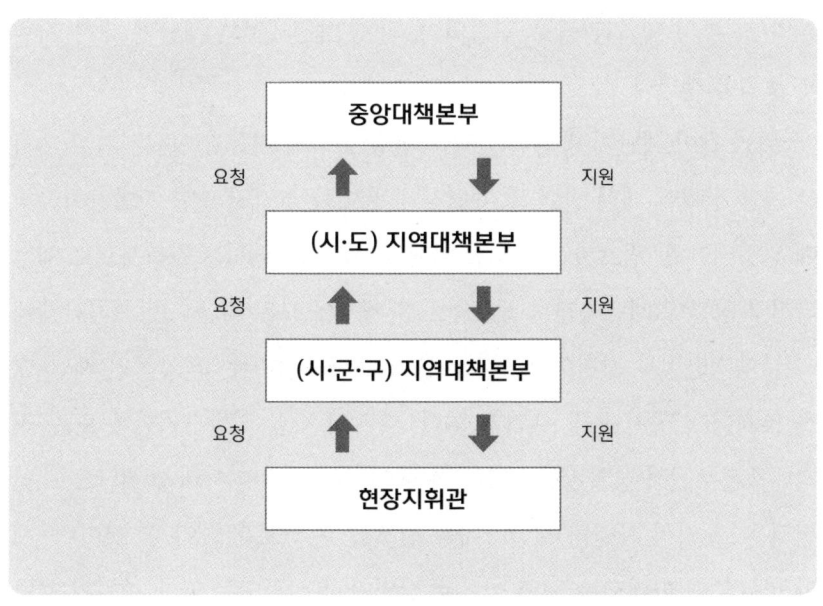

[그림 2] 국가 재난대응 체계의 개선 방안

앞의 그림에서 현장지휘관은 해당 재난에 대해 관할권을 가지고 있는 모든 재난관리책임기관으로부터 파견된 일선 대응자들을 지휘해 재난 대응을 지휘할 수 있어야 한다. 226개 (시·군·구) 지역대책본부는 지방자치단체장을 중심으로 해당 재난에 대해 관할권이 있는 재난관리책임기관으로 구성돼 재난 현장으로부터의 요청에 따른 지원을 수행하게 된다. 만일 재난이 둘 이상의 기초지방자치단체의 영역에 걸치는 경우에는 다수의 현장지휘관이 임명될 것이고, 그들을 통일적으로 지휘하기 위한 지역지휘본부가 설치될 수도 있다. 이러한 경우에는 해당 지역을 관할하는 지역대책본부와 함께 광역지방자치단체 차원의 지역대책본부가 설치돼 각 재난 현장에 대한 자원의 배분을 조정하고, 지원을 행할 것이다. 중앙대책본부는 국가 차원의 대응이 필요한 재난의 경우에 관할권이 있는 중앙정부의 각 부처 및 기관들로 구성되며, 국가 차원에서의 재난에 대한 지원과 조정을 행한다.

위와 같이 재난이 발생하는 경우 현장 중심의 지휘가 이뤄지기 위해서는 재난 상황에 대한 판단 및 재난사태에 대한 결정권 또한 지방자치단체에 위임해야 할 필요가 있다. 즉, 현재의 「재난안전법」은 원칙적으로 행정안전부 장관이 재난사태를 선포하도록 돼 있으므로 각급 지방자치단체에서는 행정안전부 장관이 재난사태를 선포하기 전에는 적극적인 재난 대응 조치를 취하지 못할 우려가 있다. 따라서 각급 지방자치단체 또는 지역대책본부에서 상황판단회의를 통해 어떠한 사고나 사태가 재난으로 인정되는 그 지역 차원의 재난사태를 선포할 수 있도록 해야 할 것이며, 재난의 규모가 확대되는 등의 이유로 광역자치단체 또는 국가 차원의 재난사태를 선포할 필요성이 있을 경우에는 요청에 따르거나 직권으로 광역

자치단체 또는 국가 차원의 재난사태를 선포할 수 있도록 해야 할 것이다. 이렇듯 재난사태 선포의 권한을 각급 지방자치단체에 위임함으로써 좀 더 신속하고 적극적인 재난에의 대응이 이뤄질 수 있도록 할 수 있다.

그 밖에도 우리의 경우에는 대응 조치와 관련해 국민 또는 지역주민들에게 적정한 정보를 제공함에 대해 아무런 규정이 없다는 점 또한 언론 보도와의 관계에서 고려할 점이 있는 것으로 보인다. 복구와 관련해서는 우리의 경우에는 피해 상황의 조사 및 보고, 자체 복구계획의 수립 및 시행이라는 2개의 사항만을 규정하고 있음에 반해 미국의 경우에는 이를 재난의 발생 전 복구 준비 내지 예비의 단계와 발생 후 직접적인 복구의 단계로 구분해 복구에 관한 내용을 좀 더 상세히 규율하고 있음을 알 수 있다.

어떠한 사항에 대해 포괄적으로 규율하는 것은 행위 주체에게 자율성을 부여한다는 측면도 있으나, 이는 행위 주체가 지나치게 소극적으로 행동하거나 오히려 적극적으로 행동함으로써 재량권을 벗어나는 경우가 많을 것이다. 특히 복구와 같이 장기적이고 장래적인 효과를 갖는 영역에서는 미국에서와 같이 상세한 규율의 방향을 제시하는 것도 바람직하다.

특히, 미국의 경우에는 발생한 재난과 그에 대한 경험을 이후의 제도에 반영할 수 있는 제도적 근거(재난관리활동의 재구축, 복구활동의 성취 등을 평가하기 위한 척도의 개발 등)를 어느 정도 갖추고 있으나, 우리의 경우에는 그러한 사항에 대한 명시적인 규율이 없다는 점 또한 문제점으로 지적할 수도 있을 것이다.

# 8

# 실질적인 피해 회복 지원 체계의 수립

10.29. Disaster

각 손실 보상 및 피해 지원에 대한 원칙을 재정립하도록 규정해 재난 피해 신고 및 조사의 절차를 좀 더 간략화한 통합센터를 설치해야 한다. 즉각적인 재난보험 지출, 구호 지원 및 대출 신청, 세금 감면 등과 같은 지원 조치가 현장에서 원스톱으로 이뤄질 수 있도록 하는 재난 손실·피해 보상 원스톱 서비스센터를 도입해야 한다. 기부와 피해자를 최적으로 연결하기 위한 솔루션을 개발하고, 재정기부금과 물품 기부를 종합적으로 관리하기 위한 국가기부조정센터를 설치해서 국가기부관리 전략을 정립해야 한다(최적 분배 계획 수립 및 조정 → 콜센터 데이터베이스 시스템, 창고 사전 파악 등 기부물품의 제공을 선제적으로 예상 → 민간 협력으로 기부물품 운송 → 기부관리팀과 기부관리조정자 선정 → 수령인의 자격 파악).

재난보험의 처리가 되지 않는 경우, 이재민들에 대한 임시숙소 비용 상환 제도(호텔과 펜션 등 단기간 숙박 체류), 긴급수리지원 제도(거주 가능한 상태로 최소한의 수리비용 지불), 임시 임대지원 제도(임대 비용 지원), 보험이나 다른 형태의 재난 지원으로 해결되지 않는 재난 피해자의 심각한 필수비용을 위한 자금 제공 등을 운영, 재난과 관련한 경제적 어려움이나 보험금 청구 및 소비자 보호, 그리고 유언장과 대규모 재난으로 파괴된 기타 중요한 법률 문서 재작성 등을 문서로 입증하는 것을 원칙으로 해야 한다.

※ 이재민들이 필요한 지원
임시 거주지, 수리비용, 교체비용, 영구주택 건설, 의료-치과-장례-개인자산-난방연료-교통(차량)-재난실업 지원-이사와 보관비용-법의 허가를 받은 기타 비용 포함

이와 관련한 입증 전문인력(변호사협회와 회계사협회 등의 추천으로 행안부에 동의를 거친 재난안전 공익변호사와 회계사 등 연계)도 한시적으로 운영해야 한다. 재난영구지원기금을 확보해 재난으로 인한 사람들의 고통을 덜어주는 특별한 목적으로 사용하고, 대통령이 재난으로 선포한 지역에서 재난과 관련해 발생한 문제를 정부·지자체나 다른 단체가 해결해 주지 못했거나 앞으로도 해결해 주지 못할 경우에 피해자와 생존자, 그리고 실종자(또는 실종자 가족)를 끝까지 추적해 지원(교육, 상담 지원, 생애주기 지원 등)하는 것이 필요하다. 재난 발생 단계에서부터 피해자들에 대한 심리적·정서적 배려가 이뤄지도록 하는 매뉴얼 구축과 지역별 데이터 기반의 과학적인 재난회복력 모델을 개발해 지역사회마다 내재된 회복력을 측정함으로써 객관화된 상황 적응 역량을 파악해야 한다. 사전 대비 강화를 통해 피해를 축소하고, 신속한 사후 복구를 통해 정상적인 일상을 회복하는 데 초점을 두고 실행해야 한다.

장기복구위원회를 통해 재정 복구에 대한 보조금 및 지원금(비상자금, 보험, 특별모금, 시채권, 보조금, 기부, 무이자 대출, 고용안정지원금, 신용보증기금

특례보증, 법인세 및 종합소득세 유예, 예비비, 농어촌특별세, 재난지원금 등)을 점검해 목적과 확보 방안을 명확하게 제시하고 선제적 지출에 대한 법적 근거를 확보해야 한다.

# 9

# 인간 감염병 확산과
# 지방자치단체의 자치조직권 강화

10.29. Disaster

　인간 감염병의 대규모 유행은 감염병이 전국적으로 확산되기 이전 단계, 즉 해외 신종 감염병이 국내에 유입되거나, 국내에서 신종 감염병 또는 재출현 감염병이 발생한 단계인 주의 단계에서의 방역이 무엇보다 중요하다. 감염병이 전국적으로 확산되기 시작한 이후에야 중앙재난안전대책본부 또는 중앙사고수습본부의 지휘를 받아 지역재난안전대책본부가 방역활동을 개시하는 것은 어떤 의미로는 감염병 확산의 조기 차단이 실패할 가능성이 높다고 판단된다. 따라서 감염병의 국내 유입 또는 발생이 확인된 직후에 그 장소를 관할하는 지방자치단체의 역할은 매우 중요하다.

　감염병의 전파에 대비한 지방자치단체의 규율에 대해서는 미국의 기본적인 지방자치단체인 카운티(county)들의 지침 내지는 대응계획이 중요한 정책적 대안이 될 수 있다고 판단된다. 왜냐하면 미국 사례의 경우 분명한 정책적 함의는, 감염병을 비롯한 각종 재난에 대해서 문제가 발생하고 있는 지역에서 대응하고 관리하는 것을 원칙으로 하고 있기 때문이다. 초기 대응에 대한 중요성을 반영한 것이다.

지방자치단체는 필요한 정보 및 자원을 중앙정부에 요청할 수 있어야 한다. 지방자치단체에서 감염병 차단이 필요하다고 판단되면, 「감염병예방법」 제7장의 규정에 대한 행정 해석적 접근을 근거로 지방자치단체가 중앙정부에 필요한 정보 및 자원을 요청할 수 있는 조례를 만들어야 한다. 또한 지방자치단체가 자치조직권을 강화하는 관점에서 독립적으로 감염병에 대한 강체처분 등을 행할 수 있고, 독립적인 감염병 관리 체계를 수립하고, 재난 대응 시에 독자적인 활동이 가능하게 하는 근거 규정도 마련해야 한다. 이러한 지방자치단체의 자치조직권을 강화해야만 지역 중심의 초기 대응이 가능해지기 때문이다. 즉, 고질적인 문제로 지적되는 중앙재난안전대책본부 또는 중앙사고수습본부가 구성되기 전에는 신속한 대응이 어렵다는 점을 극복해, 시간 및 업무의 지연 없이 지방자치단체의 대응이 가능해지는 것이다.

미국에서 감염병의 징후가 발견됐을 때 지방정부에 의한 적극적 역학조사의 운영, 격리조치의 대상이 된 사람들에 대한 원조와 관련한 규정 등의 내용은 도입을 적극적으로 검토할 필요가 있다.

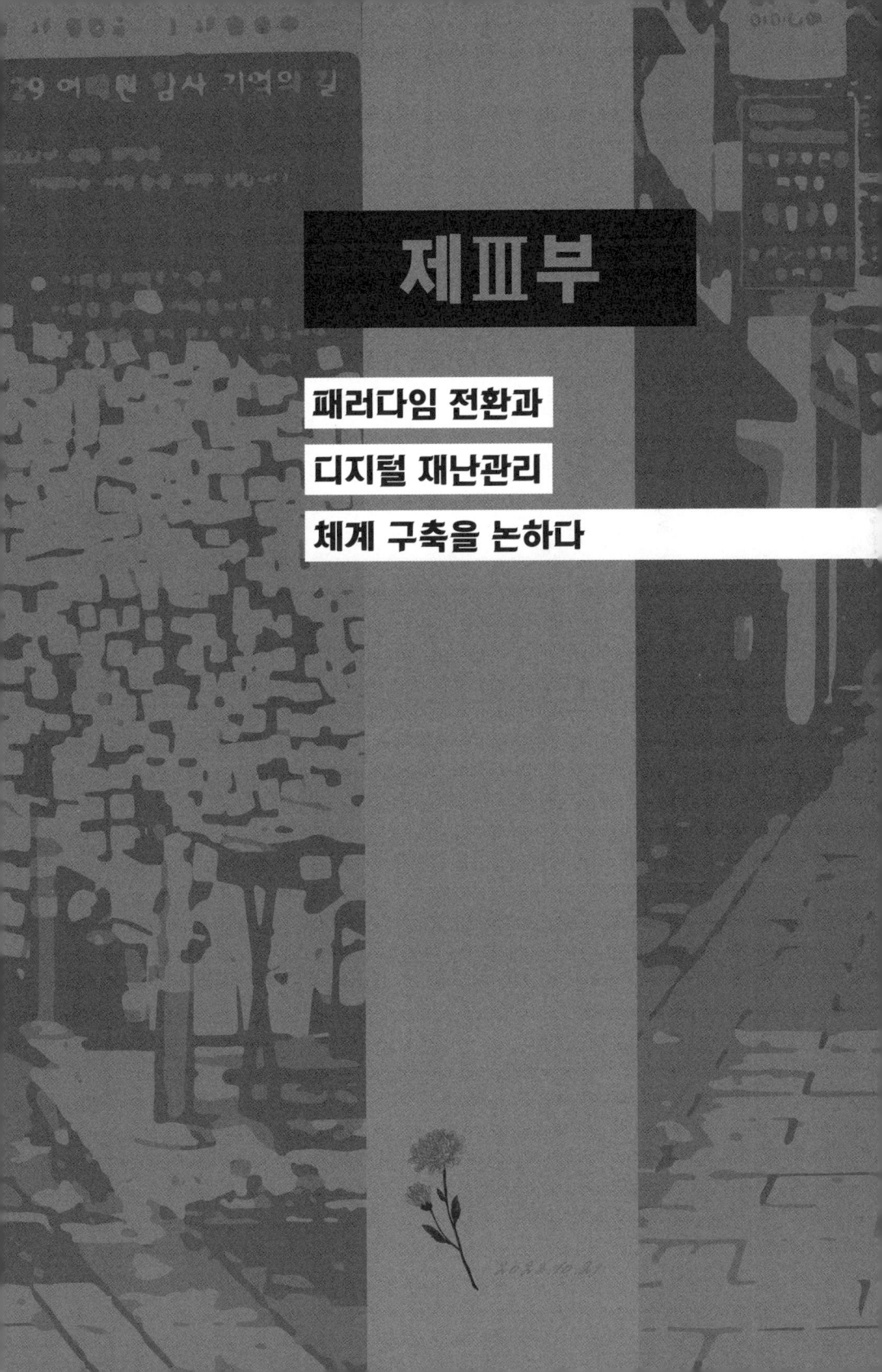

# 제Ⅲ부

## 패러다임 전환과 디지털 재난관리 체계 구축을 논하다

2022.10.29

# 재난관리의 패러다임을 바꾸자*

10.29. Disaster

지난 2016년 9월 12일에 경주에서 리히터 규모 5.8의 지진이 발생한 이후 '뒷북행정' '탁상행정' '졸속행정' '전시행정' '엇박자행정' 등의 표현이 확산된다. 1994년 성수대교 붕괴, 1995년 삼풍백화점 붕괴, 2003년 대구지하철 화재 참사 및 태풍 매미, 2007년 태안 기름 유출 사고, 2009년 신종플루, 2010년 구제역 확산, 2014년 세월호 사건과 2015년 메르스 사태 등 중앙정부 주도로 대규모 재난을 관리했던 학습적 근거가 존재한다. 그럼에도 왜 우리는 늘 '재난관리에 실패했다'는 이슈에서 자유롭지 못하는 것일까. 이제 중앙이 아닌 지역 주도로 재난관리 패러다임(paradigm)의 전환이 시작돼야 한다.

첫째, 지방자치단체 중심의 '안전 비전'을 수립해야 한다.「재난 및 안전관리 기본법」(이하 재난기본법) 제4조에 제시된 안전관리 계획이 현장의 적합성을 따져 재난관리책임기관의 장을 중심으로 관련된 소관 업무와 관련된 책무를 만드는 것으로 볼 수 있다면, 비전은 우리가 보고 싶은 또

---

* 부산일보, 입력: 2016-09-26 19:52:53
  출처: https://www.busan.com/view/busan/view.php?code=20160926000300

는 함께 만들고 싶은 안전한 사회(또는 세상)로의 지향을 선언하는 것이다. 안전한 세상은 풍요롭고, 편리하며, 쾌적하고, 여유 있는 세상을 지향하는 경제적 논리에 더 이상 밀리지 않는 것을 선언하는 것이기도 하다. 이 같은 측면에서 충남도가 최근 '충남 안전 비전'을 준비하고 있다고 선언한 것은 패러다임의 전환이 시작된 지역 주도의 최초의 사례로 주목된다.

둘째, 지방자치단체가 초기 대응 계획을 수립하고 현장 지휘를 선제적으로 실행할 수 있는 시스템으로 개편해야 한다. 재난기본법의 대규모 재난과 특별재난지역 선포 등 조항에는 중앙 중심의 대응 논리가 반영돼 있다. 여기서 문제가 되는 부분은 지방자치단체가 최초로 발생한 사건·사고에서 대규모 재난 또는 특별재난의 징후를 발견해도 중앙의 상황 판단이 늦어지거나 대응이 늦어지게 된다면 지자체의 초기 대응 업무가 마비된다는 점이다. 그로 인한 피해가 확대될 우려도 있다. 2014년 세월호 사건 때는 안전행정부 장관이 중앙재난안전대책본부에 도착하는 시간 지연으로 인해, 2015년 메르스 사태 때에는 사고 수습 책임을 지고 있는 보건복지부와 질병관리본부의 정보 공유가 지연되면서 현장을 담당해야 할 지자체에 업무 공백이 발생했다.

부산에서 재난이 발생하거나 재난 징후가 있다면 중앙에 정보 요구를 하면서 기다리면 안 된다. 부산시 주도로 빅데이터 기반의 과학적 데이터를 수집하고 전문가의 판단을 통해 상황 판단을 해야 한다. 이러한 근거 자료를 통해 중앙에 지체 없이 대규모 재난 또는 특별재난지역 선포 등을 건의해야 한다. 또한 통신회사에 협조를 구해 행정구역 내에 머무르고 있는 모든 시민에게 긴급재난문자도 즉시 발송해야 한다. 부산이 구축 중인 '스마트 빅 보드'를 통해 지역 중심의 초기 대응 체계를 제시할 때다.

셋째, 지방자치단체는 재난 취약성 관리에 좀 더 적극적으로 임해야 된다. 인력·장비·조직·예산의 부족 등으로 재난관리를 지방자치단체가 통제할 수 없는 변수, 즉 외생변수로 생각하거나 단기간에 변화시킬 수 없는 구조변수라고 치부해 포기해서는 안 된다. 가령 2015년에 국민안전처가 공개한 '지역안전지수'에서 부산시는 화재 4등급, 교통사고 3등급으로 나타났다. 특히 부산 중구는 같은 유형의 자치단체 중에서 안전 수준이 가장 낮은 것으로 제시됐다. 일각에서는 지역안전지수 자체가 자연재해, 범죄, 안전사고, 자살, 감염병, 화재, 교통 등의 분야에서 사망자 수를 중심으로 반영돼 있기에, 지자체가 관리할 수 없는 영역까지 관리하고 통제하는 것은 불가능하다는 반론도 있다. 그렇다 하더라도 지자체 중심으로 확인된 취약성과 잠재된 취약성을 보완하기 위한 교육·훈련·학습 등 정성적으로 관리할 수 있는 지표 개발에 적극적으로 나서야 한다. 그리고 지역 자체적으로 재난 취약 지도를 작성·공유하고, 성능 개선과 보강이 수시로 이뤄져야 한다.

재난을 어쩌다 발생한 예외적인 사건으로 간주하고, 정부와 미디어에 의해 거대한 주목을 받았기에 '누군가가 무언가를 했을 것'이라고 착각하면 안 된다. 재난 피해에 대한 개별 학습은 정책 입안자들만 하는 것이 아니라 관련된 단체, 정부, 지도자, 뉴스 미디어, 그리고 시민들이 다 함께 할 수 있어야 한다. 우리 모두가 경주 지진 발생으로 인한 정책 실패를 바라보면서 재난관리 패러다임의 전환을 고민해야 하는 이유가 바로 여기에 있다.

# 2

# 새해에는 대규모 복합재난에 대비해야*

10.29. Disaster

문재인 대통령이 지난해 신년사에서 안전한 대한민국을 만드는 데 온 힘을 쏟겠다고 밝혔지만 여전히 각종 재난사고가 잇따르고 있다.

최근 세 달 간 경기 고양 저유소 유증기 폭발사고(10월 7일), 서울 종로구 국일고시원 화재(11월 9일), 충북 KTX 오송역 단전사고(11월 20일), KT 아현지사 화재사고(11월 24일), 부산 폐수처리업체 황화수소 누출사고(11월 28일), 일산 백석역 온수관 파열(12월 4일), 서울 수도계량기 동파사고(12월 7일), 강릉 KTX 탈선사고(12월 8일), 해운대 마린시티 도시가스관 파손사고(12월 10), 목동 온수관 파열사고(12월 11일), 충남 태안화력발전소 운송설비 점검 인명사고(12월 11일), 안산 온수관 파열사고(12월 12일), 서울 삼성동 대종빌딩 붕괴 위험 출입 제한 조치(12월 13일), 강릉 펜션 일산화탄소 누출사고(12월 18일), 서울 강동구 천호동 집창촌 화재(12월 22일) 외에도 강추위로 인한 정전사고 및 화재 등이 잇달아 발생했다.

이 같은 사건·사고는 부상, 사망, 재산 피해 등 직접적인 피해 결과뿐

---

* 서울신문, 입력: 2018-12-31 16:54, 수정 : 2019-01-01 02:12
  출처: https://www.seoul.co.kr/news/newsView.php?id=20190101027001&wlog_tag3=naver

만 아니라 간접적인 영향으로 인한 엄청난 비용의 사회적 파급 효과를 야기할 수 있음을 보여 준다. 일상생활과 밀접한 집, 사무실, 사회기반시설 등의 환경에서 취약점이 노출돼 상당한 위협을 받았다. 특히 시민 생활의 기초가 되는 에너지·통신·교통·금융·의료·수도 등의 마비로 인한 직간접 피해에 대한 대중의 우려가 증가하는 계기가 됐다.

국가 기반 시스템은 사회간접자본이다. 지역사회를 지원하는 데 필요한 핵심 기능이 연결된 것이기에 '생명선(life-line)'이라고도 한다. 즉, "지역사회를 유지하기 위해서 절대적으로 필요한 것이고, 신속하게 대응하고 회복시켜야 할 시스템이자 시설"인 것이다. 이러한 생명선이 마비되면 지역 공동체 또는 국가 체제를 완전히 붕괴시킬 수 있다.

자연재난이나 사회재난 유형 중 단일 또는 복수의 사건·사고가 발생하면 에너지·통신·교통·금융·의료·수도·원전시설 등의 2차 피해로 이어질 가능성이 존재한다. 실제로 재난이 발생하면 여러 지역으로 피해가 이어지거나 다른 재난 유형이 연쇄적으로 잇달아 발생할 수 있다. 복합재난은 개인과 집단 그리고 공동체에 직접적인 피해를 일으킨다.

그리고 간접적인 피해를 초래하게 돼 인프라·산업·경제·금융·사회 등이 일시에 마비되거나 완전히 붕괴되는 '전례 없는 대규모 재난'이 발생할 수도 있다. 따라서 정부 부처와 재난관리책임기관, 주관기관 등은 모든 역량을 집중해 '전례 없는 대규모 재난'에 영향을 미치는 '지역별로 숨은 위해성(危害性) 요인'을 탐색하고 감소시킬 수 있어야 한다.

안전한 대한민국을 위한 사전 대비는 다음과 같아야 한다.

첫째, 사소한 사건이나 사고라도 재난 원인과 관련된 교훈이나 개선점 등을 기록하고 관리하기 위한 '재난안전조사위원회'의 신설 및 상설화,

전문화가 필요하다. 왜냐하면 이전에 발생했던 유사한 사건·사고에서 재발 방지를 위한 대안을 학습할 필요가 있기 때문이다. 이를 근거로 재난안전 관련 기관들과의 제도화된 상호 작용을 수행해야 한다.

둘째, 중앙정부와 지방정부는 유사시 국가 기반 체계를 대신할 비상체계를 과학적으로 설계하고 대비해야 한다. 지역의 경제와 재난 취약성을 고려해 재난 발생 시 핵심 기능을 유지할 수 있도록 이중화(duplexing)하고, 백업화(back-up)하며, 로컬화(localizing)하는 전략을 선택적으로 체계화해야 한다.

셋째, 중앙정부와 지방정부, 사회단체들은 '재난 대비 긴급 지원 협정'을 통해 신속하게 유·무상 자원을 지원해야 한다. 피해가 발생한 지방정부에 긴급 물자 지원, 의료 지원, 수송 지원, 이재민 수용 임시 주거시설 제공, 긴급복구 등을 빠르게 지원해야 한다. 만약 한 지방정부에서 대규모 재난 발생이 우려되거나 발생하면 가용할 수 있는 인적·물적 자원이 있는 인접한 여러 지방정부와 사회단체 등이 먼저 투자하고 지원한다. 이렇게 선지출한 비용은 재난이 종료되면 국가가 결산 및 재정 지원을 해주는 방식이다.

넷째, 우리가 안전문화 성숙도와 관련한 역량을 강화해야 한다. 지역 주민들은 안전에 대한 주체적 역량을 키워야 한다. 안전의식을 위한 안전교육도 산발적이고 일회적으로 끝나면 안 된다. 전례 없는 대규모 재난을 사전에 대비하는 것이 안전한 대한민국의 시작이다.

## 3

# 재난관리를 위한 데이터 기반의
# 예측행정 시스템의 선결 조건<sup>*</sup>

10.29. Disaster

　재난관리를 위한 데이터 기반의 예측행정 시스템의 선결 조건을 살펴보면 다음과 같다.

　첫째, 스마트 대시보드(Smart Dashboard)를 구축해 지역 내 중요 이벤트 및 트렌드, 핵심 정책 성과지표 등을 빅데이터 기반으로 실시간 모니터링해야 한다. 시민앱(Citizen App)을 통해 시민과의 정보 공유 및 참여를 유도할 수 있어야 한다.

　즉, 스마트 대시, 시민앱을 통한 정책 성과지표 관리 및 시민(주민) 참여 활성화를 유도해야 한다. 도시 및 지역에서 발생하는 사건, 사고 등의 이벤트, 주민 생활 관련 소셜 트렌드 및 핵심 정책의 목표 달성 지표 등을 빅데이터 기반으로 실시간 모니터링할 수 있는 대시보드를 구축하고, 시민들과 공유해야 한다.

　재난안전, 복지, 교육, 고용, 취약계층 보호 등 도정(道政) 또는 시정(市政)의 핵심 관리 포인트 중심으로 정책성과 지표를 추적, 공개해 정책 투

---

* 스마트 공공서비스를 위한 빅데이터 기반 예측행정 시스템, 이동규(2020).

명성을 강화해야 한다(대통령[또는 단체장]과 함께 보는 국정/도·시정 현황).

활동보다 성과 또는 결과에 초점을 맞춰 진척률을 측정할 수 있는 지표를 다양한 데이터를 연결해 구성해야 한다. 시민앱을 개발해 대시보드의 내용을 공유하고, 주민 신고 및 공공 서비스 실시간 평가, 아이디어 포럼 등의 모바일 서비스 제공해야 한다.

둘째, 이를 위한 빅데이터 자원 확보 및 비즈니스 개발을 위해 기업, 대학, 공공기관이 참여하는 빅데이터 공공-민간 파트너십(Big Data P3)을 체결해 오픈 데이터 사업을 본격화해야 한다.

즉, 빅데이터 공공-민간 파트너십을 체결해 빅데이터 자원을 확보하고, 신규 비즈니스 기회, 데이터 가치사슬(data value chain)을 창출해야 한다. 기업(대기업, 중소기업, 스타트업[Startup]), 대학, 공공기관 등이 참여하는 빅데이터 사업 협력 체계로서 연구 및 혁신(Research & Innovation: R&I), 빅데이터 비즈니스 모델 및 공공서비스를 공동 개발하고, 비즈니스 생태계를 구축해야 한다. 공공-민간 경계를 넘어선 통합 빅데이터 구축 및 공유을 추진함으로써 실질적인 오픈 데이터 사업 활성화가 가능하다. 기존의 공공 데이터 개방사업은 데이터 공유에 초점을 맞춰 사업화 프로그램이 미흡하다.

또한 데이터와 기술을 보유한 기업들이 오픈 데이터를 통합 활용해 새로운 비즈니스 아이디어 및 서비스를 구현하고 지역 내에서 비즈니스를 수행할 수 있도록 지원해야 한다. 가령 '오픈 데이터 비즈니스 콘테스트'를 개최하는 것도 검토해야 한다. 실제로 빅데이터의 분석 결과를 제공하는 기관들은 연구기관이나 일반인들로 하여금 직접 빅데이터 분석을 수행할 수 있도록 하는 플랫폼을 동시에 제공하고 있으며, 이의 이용을 촉진하기 위해 일반인들을 대상으로 한 각종 콘테스트를 진행하고 있다.

그리고 시 또는 지역을 서비스 개발의 테스트 베드 및 비즈니스 플랫폼으로 활용할 수 있도록 제공하며, 인큐베이터로서의 역할을 수행해 사업 성공가능성을 제고해야 한다. 파트너십을 통해 클라우드 기반의 데이터 공동활용 체계(data archive) 구축, 데이터 표준 마련 및 사업 추진 관련 법, 제도를 정비해야 한다. 유럽연합(EU)은 2014년 10월에 EC, 비영리기관, 대학, 연구소, 기업 등 20여개 기관이 참여해 향후 5년간 25억 유로를 투자하는 "Data P3" 양해각서(MoU)를 체결했다. 정부는 이를 통해 지역 산업 발전 기회 및 신규 고용을 창출하고, 전문인력 양성, 세수 기반 확충 가능하게 된다.

**셋째, IoT 기반의 새로운 공공 서비스 및 예측 분석모델 연구개발(R&D)을 위해 IoT Lab(Sensitive City Solution Center)을 설립해야 한다.**

IoT Lab(가칭 Sensitive City Solution Center) 설립을 통해 사물인터넷(IoT) 기반의 혁신적 공공서비스 R&I(Research & Innovation)를 추진할 필요가 있다. 다양한 센싱 기술을 활용해 '누가, 어디에서, 무엇을 원하는지'를 실시간으로 감지할 수 있는 인프라를 구축하고, 공공서비스 자원의 전달 체계 및 프로세스를 혁신해야 한다.

또한 사물인터넷 기반의 공공서비스 창출에 초점을 맞춰 '사물인터넷 기반의 사회안전망 구축 방법' 등의 수요 대응 솔루션을 연구하고, 새로운 공공서비스 형태를 발굴해야 한다. 실시간 데이터와 예측 분석 기법을 적용해 사건, 사고 및 트렌드 변화에 대한 선제적, 예방적 대응 및 제한된 자원의 최적 활용이 가능한 운영 프로세스 구축해야 한다. 사물인터넷 및 예측분석 활용 사례는 다음과 같다. 미국의 몽고메리 카운티는 매연, 유해가스, 공기질, 조명, 온도 등을 센서로 측정해 클라우드의 오픈 포털에 올리고 유해 조건을 감지할 경우 대량 문자 전송(SMS)이나 전화로 거주민에게 전송해 상황을 점검함. 무응답이거나 OK가 아니면 첫 번째 대응자에게 메시지가 자동으로 전송된다. 루이스빌시는 센서가 부착된 흡입기를 천식 환자에게 보급해 호흡기 질환에 대한 이해를 기반으로 건강정책을 개발한다. 센서로 지하 압력 변화를 모니터링해 수도관 파열 가능성을 사전 감지하고, 가령 보름달이 뜬 날 등은 가로등, 빌딩 조명 밝기를 자동으로 조절해 저녁, 밤 시간 내내 같은 밝기를 유지할 필요가 없다. 예측분석을 통해 범죄 발생가능성이 높은 지역에 순찰차 우선 배치할 수 있다. 센서를 통한 취약 구조물 원격 진단 및 위험가능성을 예측할 수 있다. 교통카드 데이터를 활용한 운송 중단 효과를 예측할 수 있다. 지역별 수질, 공기질을 측정 및 관리하고 센서 네트워크 기반 신호등 제어 등에도 활용할 수 있다.

넷째, 정부와 지자체의 플래그십(Flagship) 프로젝트로서 Privacy Technology Initiative를 추진해 빅데이터 사업 발전의 걸림돌인 정보보호, 프라이버시 문제의 기술적 해결 방안을 제시할 수 있어야 한다.

빅데이터 연산틀은 본질적으로 복합적이며 개인의 정보와 사생활의 보호와 관련된 문제를 야기한다. 빅데이터는 사람들에 대한 방대한 정보로 구성돼 있으며, 이러한 정보 중의 일부는 최소한 비밀을 유지해야 하는 것이다. 이러한 정보들은 빅데이터 연산틀에서 처리되는 중에 더욱 노출될 위험이 있다. 따라서 개인의 식별정보를 보호하고 취합된 데이터셋을 익명화하도록 하기 위한 노력을 기울여야 한다. 데이터가 취합되고 익명화가 된 이후에 데이터의 처리와 저장을 위해 적절한 기술이 이용돼야 한다. 'Privacy Technology Initiative'를 플래그십 프로젝트로 추진해 빅데이터 핵심 의제를 선점해야 한다. 빅데이터 사업의 성공을 위해서는 데이터의 자유로운 활용이 필수적이나 개인정보 보호, 프라이버시 보호 이슈가 강력한 장벽으로 작용하고 있다. 프라이버시 보호는 제도적·법률적 측면에서의 해결책뿐만 아니라 기술적 해결책이 동시에 필요하다. 가령 익명화 기술, 익명화 데이터 분석 기술 등이 있다. 빅데이터 사업을 위한 기반 기술로서 데이터 및 프라이버시 보호를 위한 기술적 해결책의 연구개발(R&D)을 지원하는 선도적인 프로그램을 마련해야 한다. 연구개발 프로그램 성과의 사업화를 통해 새로운 시장 창출이 가능하다.

**다섯째**, 사업의 핵심 추진 주체로서 국가 수준에서는 대통령 직속으로 지자체 수준에서는 자치단체장 직속으로 CAO(Chief Analytics Officer) 및 데이터 분석조직을 신설해 강력한 리더십을 확보해야 한다.

단체장 직속 CAO(Chief Analytics Officer) 및 데이터 분석조직을 신설해 사업 추진의 리더십을 확보해야 한다. 지자체 최초로 CAO를 설치하고, 빅데이터 사업을 총괄하도록 해야 한다. 업무에 데이터 분석 기법과 도구를 사용하는 아이디어를 고안하고, 자치단체 내 행정 업무 프로세스 혁신, 데이터 기반의 의사결정 프로세스 설계를 통해 비효율성을 줄이고, 조직생산성을 향상해야 한다. 관-산-학-연을 연결하는 허브 역할을 수행하며, 모범 실천 사례(Best Practice)를 발굴해 다른 지자체에 보급하고, 새로운 사업 아이디어를 발굴해야 한다. 특히, 예산의 낭비, 사기, 오용 패턴을 적발해 재원을 확충하는 역할도 중요하다.

이태원 참사에 드러난 용산구청장의 사례처럼 시도지사의 지역재난안전대책본부장의 역할 수행과 선거 직후 재난 상황 판단 역량을 강화하기 위해 교육보다 최고 데이터 책임관과 데이터 분석조직의 지원이 더 중요할 수 있다.

뉴욕시는 시장 직할로 8명으로 구성된 MODA(Mayor's Office of Data Analytics)를 설치해 운용하고 있다.

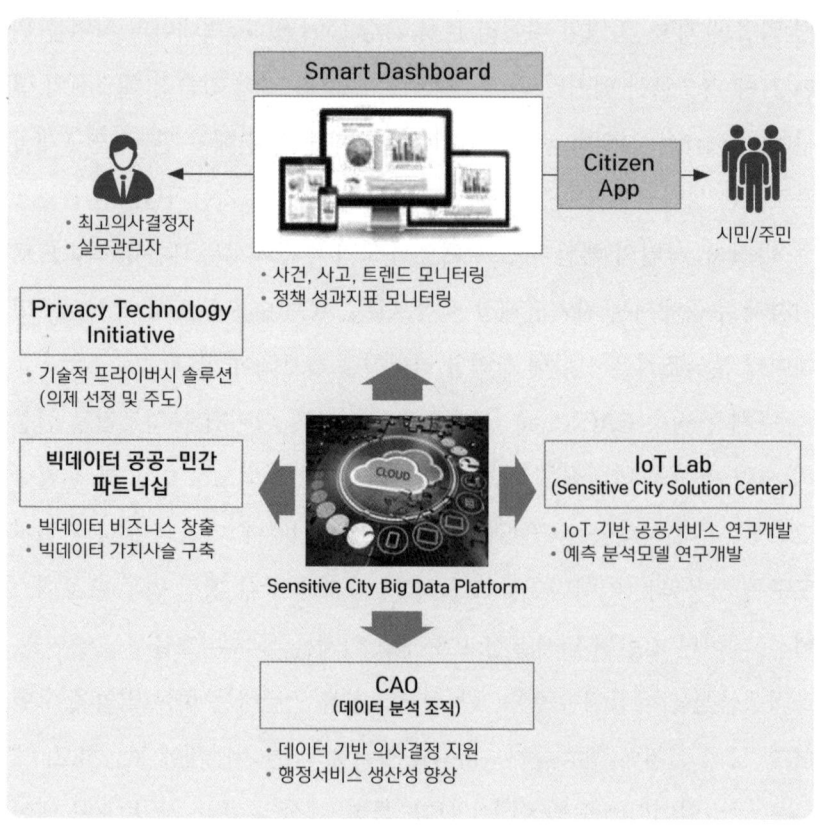

[그림 1] 재난관리를 위한 예측행정 시스템 사업 추진 전략 개념도

# 4

# 재난관리에서의 예측분석 적용 방향

10.29. Disaster

재난관리 전 단계에서는 다양한 분석모델의 적용이 필요하며, 분석 결과로서의 예측과 처방의 시의성과 정확성은 그 결과에 따라 재난관리에 큰 영향을 미칠 수 있으므로 매우 중요하다. 따라서 기계적인 분석 결과에 전적으로 의존하기보다는 경험적 지식과 통찰을 적절하게 결합하는 의사결정 방식이 필요하며, 이를 체계적인 프로세스로서 정립해 둘 필요가 있다.

첫째, 예방 단계에서는 재난 전조(前兆) 분석으로서 다가오는 재난의 영향도를 예측하는 분석이 중요하다. 자연환경이 보내 주는 신호, 사람들이 감지하는 신호를 소음과 구별해 포착하고, 그것이 어디에, 어떤 방식으로, 어느 정도의 크기로 영향을 미칠지를 예측할 필요가 있다.

둘째, 대비 단계에서는 대응·복구 전략분석으로서 가장 효과적인 재난 대응 방법을 예측해 최적 대응과 복구 행동을 추천하는 것이 중요하다. 예방 단계에서 영향도가 예측되면 대응행동을 취할지 의사결정을 한 후, 어떤 대응이 가장 효과적·효율적일지를 제안할 수 있어야 한다. 가령, 탈출 시뮬레이션의 경우, 사람들은 무작위적으로 움직이지 않기 때문에

[그림 1] 수정된 재난관리 단계의 제안

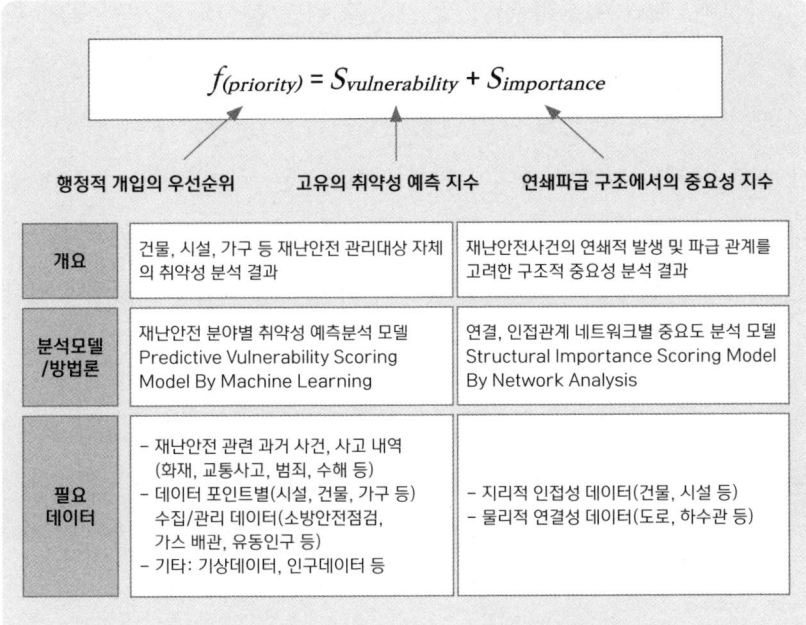

[그림 2] 행정적 개입 우선순위를 선정하기 위한 예측 방법

행동 패턴에 대한 이해에 필수적이며, 사후관리까지 염두에 둔 최적의 방법을 시뮬레이션해 추천할 수 있다면 효율적이다.

셋째, 대응 단계에서는 실시간 대응분석을 통해 의사결정과 자원의 배분, 현장 대응 인력과 피해자들에 대한 정보 제공 등을 지원할 수 있어야 하는데, 재난지역을 안전하게 탈출할 수 있도록 지원하기 위해, 실시간 모니터링, 민첩한 분석, 시뮬레이션을 통해 사전 계획된 탈출 경로를 수정, 갱신하는 것과 같은 활동이 이뤄질 수 있을 것이다.

넷째, 복구 단계에서도 실시간 복구분석을 통해 복구자원의 수요와 가용성을 분석해 복구활동을 효율적으로 지원할 수 있어야 한다.

다섯째, 재난 이후의 완화 및 개선을 위한 분석도 염두에 둬야 한다. 재난 상황 종료 후 사후 진단 및 완화전략 분석을 통해 앞으로 유사한 재난이 반복된다면 더 나은 대응 방법은 무엇인지(예: 시민행동요령 가이드 갱신 등) 재난 피해를 줄이기 위한 도시구조는 무엇인지(예: 도시계획 정비) 등을 통해 재난 완화계획 활동을 지원할 필요가 있다. 다른 한편으로는 데이터의 정확성과 신뢰성을 높이기 위한 분석 방법도 고려해야 한다(anomaly detection; 비정상행위 또는 이상값 탐지 등).

… 5

# 인공지능(AI)·데이터 기반의 실시간 '재난안전 디지털 플랫폼 정부'의 실현

10.29. Disaster

부처, 공공기관, 기업 등 기존의 재난안전 관련 신고 및 정보를 한 곳에서 통합해 처리할 수 있는 '재난안전 디지털 플랫폼 정부'를 지향하는 법적 근거를 정립해야 한다. 재난안전 공공데이터를 분석하고 관리하는 전문인력을 육성해 부처/지자체/공공기관 등의 상황실에 효율적이고 신속하게 의사결정에 도움을 줄 수 있는 재난안전 데이터 분석 최고책임자 및 재난안전 데이터 관리 최고책임자 등을 포함한 전담 책임자와 조직을 신설해서 데이터 표준화부터 공유 확산 등 활용에 대한 전략을 수립하고 실천해야 한다. 국가재난관리 핵심 기능으로 코로나19 등 인간 감염병 확산, 가축전염병 확산, 생물안보(침입외래종, 병해충 위험, 침입 병원균), 일본 원전수 방류 피해, 라돈 등 일상생활 방사능 안전 피해, 소비자 안전, 식품 안전, 약물 오남용 및 부작용, 화학사고 및 산업재해, 원자력 사고 및 원전 해체 등을 지정해 국내외에서 발생하는 위험 이상 징후를 선제적으로 파악해야 한다. 국민과의 의사소통과 정보관리에 유일한 통로 및 채널 운영(재난 상황에서 허위 및 조작 정보와 불법 스미싱 및 보이스피싱 문제 대두로 부가적인 피해에 노출되는 국민안심정책 강화)에 적극적인 사전 공공서비스를 제공해야 한다. 그러기 위해서는 흩어진 부처/지자체/공공기관 등 관련 데이터를 파악하고 통합해야 한다. 빅데이터와 지리정보체계(GIS) 기반의 각종 상황정보를 취합해 재난관리 단계별(예방·대비·대응·복구)로 상황 및 예측 분석 결과를 실시간으로 부처-지자체-국민에게 재난안전정보를 공유하고 전파(이상 징후는 모니터링하고 추적해 전문가들의 의견 공유)해야 한다. 이상 기후에 대비한 전략적 연계도 필요하다. 우리 국가의 경계를 뛰어넘어 공유된 지리적 특징을 지닌 일본·중국·러시아 등 재난안전 정보 교환을 위한 국제 협약을 체결 및 주도함으로써 집단지성 전문가 연합 협의체를 상시 연계해 국민이 안심할 수 있는 실질적인 정보 제공 서비스 체계 구축할 필요가 있다.

# 6

# 도시 경쟁력 제고를 위한 빅데이터 활용 방안: 내부 데이터를 한 곳으로 모으고 외부 데이터와 연계 체계 구축*

10.29. Disaster

1990년대 이후 우리 사회가 공들여 온 정보화 내지 전산화 과정에 의해 정부기관이나 기업은 매우 많은 정보를 축적해 왔다. 그중 일부는 실제로 '빅데이터(big data)'이기도 하다. 그러나 많은 데이터가 활용되지 못한 채 사장돼 있거나 주기적으로 삭제되고 있으며, 데이터로부터 의사결정의 객관적 근거와 혁신의 동인을 발견하겠다는 의식도 미흡했던 것이 사실이다. 요즘도 많은 사람이 "과연 우리나라에, 기업에 빅데이터가 있는가?"라고 질문하면서 냉소적인 태도를 취하기도 한다. 그러나 빅데이터의 파장은 예상외로 상당히 크게 우리 사회의 많은 부분을 뒤흔들어 놓았고, 아직도 진행 중이다. 왜 그럴까? 그 이유는 아마도 무언가 '정곡'을 찔렀기 때문일 것이다. 서서히 거품이 걷히면서 드러나는 것은, 사람의 '경험'과 '직관'에 과도하게 의존해 온 기존 관행에 대한 비판과 성찰인 것으로 보인다. '감(gut-feel)'으로 하는 의사결정의 한계와 그것이 경쟁력이 없

---

\* 부산발전연구원, 2014.10.21.
부산발전포럼 통권 제149호, pp18-29.

다는 사실을 느끼게 됐다는 것은 빅데이터 현상이 낳은 의외의 '부작용'이다. 적어도 공식적으로는 데이터와 분석의 중요성을 인정하기 시작했기 때문이다.

## 1) 빅데이터의 개념과 동향

데이터가 무엇인가에 대해서는 수많은 기사와 자료, 연구 결과에서 이미 충분히 언급해 왔다. 요약하면, 빅데이터의 속성은 '크다(volume)', '다양하다(variety)', '빠르게 생성된다(velocity)' 등이며, 그렇기 때문이 "다루기 어려운 거친 데이터"다. 그리고 지금까지 빅데이터와 관련된 논의들은 주로 "이런 데이터는 어떻게 다뤄야 하는가?(기술적 측면)", "이런 데이터를 어디에 쓸 것인가?(사회경제적 측면)", "이런 데이터가 추가적으로 어떤 문제를 야기하는가?(정책적 측면)" 등과 같은 주제를 중심으로 이뤄져 왔다.

빅데이터에 대한 관심이 폭발한 최근 2~3년 동안은 초기 수용자들이 데이터의 크기에 압도된 기간이었다. 엄청나게 큰 데이터를 어떻게 다룰 것인지가 도전 과제였기 때문에 빅데이터를 처리할 수 있는 인프라의 도입이 우선적인 관심사였다. '일단 모아서 쌓아 놓자'는 식이었다. 물론 비용효율성에 대한 고려도 상당히 이뤄졌다. 하지만 그것은 엄밀하게는 빅데이터의 효과라기보다는 공개된 정보(open-source)의 효과라고 볼 수 있을 것이다.[01] 기술의 안정성도 문제였지만 그보다 더 큰 문제는 용도와 가

---

[01] 빅데이터 논의가 하둡(Hadoop)과 같은 오픈 소스 프로젝트로부터 촉발된 측면이 강하기 때문에, 그리고 오픈 소스 소프트웨어의 생태계가 현재까지 빅데이터 기술을 떠받치고 있는 측면이 강하기 때문에 기존 시스템 인프라를 유지하는 것보다 비용이 더 절감된다는 주장이 설득력을 가질 수 있었다. 하지만 빅데이터 인프라의 초기 도입자들은 매우 실망했다.

치를 찾아내지 못했기 때문이다. 데이터의 양과 소프트웨어만 달라졌을 뿐 그것으로 하는 것은 과거(BI)와 변한 것이 크게 없었기 때문이다.[02]

한편, 빅데이터에 대한 관심의 방향은 최근에 변화하기 시작했다. 분석과 통찰력, 그리고 새로운 가치를 강조하는 주장들이 주류를 이루고 있다. 이는 당연한 결과이며 어쩌면 처음부터 그랬어야 하는 것이었는지도 모른다. 빅데이터 분야에서 통찰력을 가진 전문가들은 처음부터 빅데이터를 데이터의 문제가 아니라 분석의 문제라고 봤기 때문이다. 나아가 빅데이터의 핵심은 '예측'에 있다고 주장하기도 한다.

데이터에 대해 이렇게 분석적인 관점으로 접근하게 되면 빅데이터의 본질에 좀 더 가깝게 다가갈 수 있게 된다. 많은 사람이 새로운 경제적 가치와 혁신의 원천으로서의 빅데이터를 이야기하고 있다. 나아가 정보사회가 제시한 많은 비전과 약속을 실현시켜 줄 수 있는 가장 중요한 도구로 인식하고 있다. 지금보다 훨씬 더 많은 데이터가 축적되고, 더 지능적인 분석도구가 만들어지며, 모든 분야에서 빅데이터의 창의적인 활용 방법을 찾아내게 된다면 충분히 가능한 일이다. 그러기 위해서는 빅데이터에 대한 정확한 이해와 관점을 가지고 접근할 필요가 있을 것이다. 데이터는 오래 전부터 존재했었는데 왜 갑자기 '빅'이 대두됐는지, 그것이 의미하는 바는 무엇인지를 이해한다면 도구로서의 빅데이터를 더 잘 활용할 수 있을 것이기 때문이다.

---

[02] 극단적으로는 '쓰레기를 정성 들여 쌓아 놓은 형국'에 비유하는 사람들도 있었다. 데이터 자체가 쓸모없는 것일까 아니면 데이터로부터 쓸모를 찾아내지 못했기 때문에 쓸모가 없어진 것일까? 에 대한 논의가 부족했다.

(1) 관계성과 전체성의 귀결로서 빅데이터

빅데이터의 핵심 용도는 우리가 이해하기 어려웠던 정보들 사이의 관계를 파악하고 이해하는 것이다. 인간의 개별 행동과 그 결과가 데이터로 기록될 수 있고, 그 각각의 행동들이 개인의 통일된 의식과 선호 체계를 반영하고 있다고 가정할 때 무의미한 문자와 숫자의 나열로 보이는 데이터는 사람이 남기고 간 족적이 되고, 그 족적들 간에는 행위 주체의 의식적인 계획 내지 습관 등으로 인한 시간적·공간적 연관성이 내재돼 있을 것이다. 따라서 더 많은 데이터는 더 많은 행위를 반영하고 있고, 더 많은 행위를 파악할 수 있으면 행위 주체를 더 잘 이해할 수 있게 된다. 이러한 접근법은 100여 년이 넘는 시간 동안 우리가 익숙하게 사람과 사회를 이해하기 위해 도입해 왔던 통계학적인 방법과는 사뭇 다르다. 즉, '관계와 행위의 총체로서 사람'에 대한 현대적 인식이 생겨난 것이다. 이러한 인식은 데이터의 수집에도 영향을 미치게 돼, 과거에 비해 사람의 행위에 관한 데이터의 다양성이 엄청나게 증가하게 됐다.[03]

다른 한편, 빅데이터의 등장은 전체성의 추구라는 맥락과 맞닿아 있다. 전체성은 데이터의 규모보다는 범위에 관한 문제다. 물론 일반적으로 범위가 커지면 규모도 커지게 되지만 그렇지 않을 수도 있다. 전체성은 데이터의 일부를 활용하는 것보다 전부를 활용하면 정확성과 함께 새로운 발견을 하게 될 가능성이 높아진다는 가정과 연관돼 있다. 이는 수시로 진행되는 여론조사와 몇 년에 한두 번씩 진행되는 인구조사의 차이를 통해 이해할 수 있을 것이다.

---

[03] 구글의 경우, 누가 언제 어떤 키워드로 검색을 했고, 검색 결과에서 무엇을 선택했는지, 웹사이트에 머무르는 시간이 얼마나 긴지 등 온라인 공간에서 기록이 가능한 거의 모든 행태의 데이터를 수집하고 있는 것으로 알려져 있다.

한편, 정보통신기술(ICT)의 비약적인 발전으로 인해 전체 데이터를 수집, 처리하는 비용은 획기적으로 줄어들게 됐으며, 실제로 많은 분야에서 샘플링 대신 전체 데이터를 수집, 분석하고 있다. 빅데이터의 사례로 널리 알려져 있는 아마존의 추천 서비스, 구글의 검색 결과 랭킹 방법, 트위터 기반의 감성분석, 페이스북의 그래프 검색 등은 모두 데이터의 부분을 분석하는 것이 아니라 전체를 분석해 최대한의 가치를 발굴하고 있다. 적어도 인터넷 서비스 분야에서는 전체 데이터를 이용하는 것이 일반적이고, 또 당연시되고 있으며, 이런 경향은 다른 분야에도 확산되고 있다. 이런 측면에서 볼 때 빅데이터는 데이터의 전체성에 대한 추구와 그 결과로서 이해할 수 있을 것이다. 또 전체성의 관점에서 볼 때 '빅'은 절대적 개념이 아니라 상대적 개념이 된다. 데이터의 규모와 전체성은 서로 독립적인 문제이기 때문이다.

### (2) 데이터에 대한 통시적 이해

관계성과 전체성의 맥락에서 빅데이터의 성격을 이해하는 것과 함께 또 다른 중요한 관점은 데이터를 역사적 시간의 흐름 속에서 이해하는 것이다. 이 측면에서는 쇤버거(Victor Mayer-Schonberger) 교수의 '데이터화(datafication)'와 관련된 통찰을 통해 많은 시사점을 얻을 수 있다. 데이터화는 디지털화와 구별되는 것으로 어떤 현상을 데이터화한다는 것은 집계와 분석이 가능하도록 그 현상을 수량화 내지 요소 분해하는 것을 의미한다. 즉, 디지털화는 아날로그 형식으로 된 정보를 디지털 형식으로 변환하는 것이며, 데이터화는 측정과 기록에 중점이 있는 것이다. 아날로그 영상이 디지털화된다고 해서, 인쇄된 책이 디지털 이미지로 변환된다고 해서 곧바로 데이터로서 분석될 수 있는 것은 아니다. 등장인물, 지리적 배경, 줄거리 등과 같은 메타정보가 필요하며, 텍스트의 경우 단어 단위로 인식돼 처리될 수 있어야 한다. 그런데 일단 데이터화가 되고 나면 새로운 용도나 가치가 창출될 가능성이 높아지게 되는 것이다. 이런 관점에서 볼 때, 그동안 대량으로 쌓여 있던 데이터가 빅데이터로 새롭게 조명받게 된 것은 수집, 저장, 분석도구의 발전에 기인한 것이라고 봐도 무방할 것이다. 즉, 우리나라의 정보화 경쟁력은 디지털화 중심의 경쟁력이며, 그것이 데이터 경쟁력으로 직결되는 것은 아닐 수도 있다는 점이다.

### 2) 도시경쟁력 제고를 위한 빅데이터 활용 방안에 대한 정책적 제언

빅데이터의 가치는 기업의 지식과 기술 내재화 수준이 일정한 수준 이상 도달했을 때 비로소 드러나기 시작할 것이다. 이와 함께 빅데이터와 관련된 기본적인 인식은 첫째는 '빅(big)'에 현혹되지 말라는 점이다. 둘째는 빅데이터는 '소음'으로 가득 차 있다는 점이다. 즉, '빅 노이즈(big noise)' 이슈를 어떻게 해결할 것인지가 빅데이터를 다루는 데 핵심적인 문제가 될 수 있다. 셋째는 컴퓨터(기계) 혼자서는 할 수 없으며, 인간과 기계의 효과적인 결합이 최선의 선택이라는 인식이다. 넷째, 빅데이터의 핵심은 '데이터 통합'과 '데이터 기반 의사결정'이다. 문제는 재난관리 분야에서 이런 이슈들을 실질적으로 어떻게 해결하고, 실행 가능한 시스템 구축으로 연결시킬 것인가 하는 것이다. 또한 '예측' 문제에 대한 인식과 전제도 매우 중요하다. 첫째, 우리가 하는 모든 예측은 빗나갈 수밖에 없다는 사실을 인정해야 한다는 것이다. 그러기에 얼마나 빗나갔는지, 그리고 빗나갔을 때는 어떻게 해야 하는지 이해하고, 또 빗나갔을 때 발생할 수 있는 비용을 최소화하는 것이 예측과 관련해서 우리가 해야 하는 일이다. 둘째, 예측은 목적이 아니라 수단이라는 점이다. 정확한 예측을 하는 열쇠는 순전히 계량적인 정보에 의존하는 것이 아니라 모든 유형의 정보를 적절한 맥락 속에서 파악하는 좋은 의사결정 과정을 구축하는 것이다. 셋째, 집단의 총합적 예측(aggregate forecast)은 개인의 예측보다 낫다는 점이다. 넷째, 정확한 예측을 위해서는 소음으로부터 신호를 구별해 내는 기술과 통찰력이 필요하다는 점이다. 신호를 정확하게 포착하는 지표를 어떻게 개발할 것인지가 핵심 문제이자 도전이다. 이를 위한 전문지식의 축적과 연구개발이 병행돼야 한다.

빅데이터 열풍은 여러 가지 문제를 안고 있으나, 데이터와 분석에 대한 인식을 짧은 시간 내에 향상시킬 수 있는 고무적인 일이며, 외부로부터 주어지긴 했으나 우리 사회와 경제의 기반을 한 단계 업그레이드할 수 있는 중요한 기회로 삼을 수 있을 것이다. 이를 위해서는 데이터와 분석에 대한 인식 변화와 함께 우선 조직 내에서 내부 인력들이 내부 데이터를 마음껏 주무를 수 있는 여건을 마련해야 한다. 그리고 탐색과 시행착오를 위한 비용과 시간도 보장해야 한다. 시급히 빅데이터 관련 전문가를 양성하고, 데이터를 한 곳으로 모으는 작업으로부터 한 걸음씩 나아가야 할 것이다. 그 방향은 당연히 내재화(internalization)다. 빅데이터 사업의 목표가 일회적인 성공 사례의 발굴이 아니라 지속 가능한 분석 모델과 업무 관행을 조직 내에 구조화하는 것이기 때문이다.

빅데이터 사업의 성공적인 추진을 위해서는 내부 데이터의 통합과 외부 데이터와의 연계 체계를 안정적으로 구축해야 한다. 이를 위해서는 데이터에 관한 통합적인 주도권과 강력한 리더십을 발휘할 수 있는 조직적인 데이터 코어(data core)가 필요하다. 시스템 통합 이전에 데이터 통합이 우선 필요한 것이다.

(1) 싱가포르의 도시 경쟁력 제고를 위한 빅데이터 활용 사례: RASH 시스템

싱가포르는 국가전략 수립 및 국민서비스 개발을 위해서 다양한 분야에서 데이터 분석을 활용하고 있다. 싱가포르 경제개발청(Economic Development Board)은 정부와 기업의 경쟁력 강화를 목표로 민간과 협력해 데이터 분석 연구소를 설립해 데이터 분석 기반 정책 수립을 위한 지속적인 지원 체계를 마련하는 한편, 'data.gov.sg'를 통해 정부 및 공공기관이 보유한 5,000여 개의 데이터 세트를 제공하도록 하고 있다.[04] 특히, 싱가포르는 자국의 위험·기회 요인에 대한 선제적 파악 및 대응전략 수립을 위한 국가위기관리 정책 지원 시스템이 필요하다는 인식 아래 2007년 7월, 총리실(Prime Minister's Office) 산하 국가안보조정국(National Security Coordination Secretariat : NSCS) 내에 RASH(Risk Assessment and Horizon Scanning) 시스템을 마련했다.[05]

RASH 시스템의 활용도가 높아짐에 따라 2012년에는 RASH Program Office를 설립해 업무의 체계적 수행을 위한 세 개의 센터를 운영하고 있다. 이는 각각 분석(RAHS Think Center), 해결책 제시(RAHS

---

[04] 한국정보화진흥원, 2012국가정보보호백서, 2012, 54면.
[05] 테러, 재난, 전염병 등 국가적 위험 상황의 증가로 이에 대한 사전 예측 및 상황별 대응 조치 마련과 지원 체계가 필요하다고 판단해 잠재적 위험 요소와 불확실성 요소의 탐색을 통한 국가 위기관리 계획의 수립·추진의 과학적 시스템을 마련한 것이다.

Solutions Center), 실험(RAHS Experimentation Center)의 역할을 수행하며, 구체적으로는 정책 입안자들에게 하여금 국가안보와 관련된 새로이 부각되는 위험이나 기회에 대해서 환기시키고, 정책 집행자들에게 전략적 예측을 활용하고 새로운 개념을 이해할 수 있도록 하며, 마지막으로 새로운 기술을 RAHS 체계에 접목할 수 있도록 한다.[06]

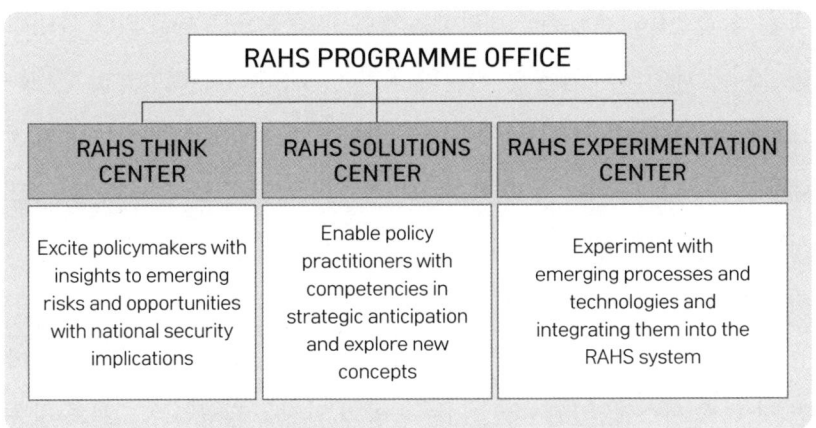

[그림 1] RAHS의 Program Office의 조직[07]

RASH는 국가위기관리 시스템을 통해 다양한 데이터를 수집·분석해 국가적 위험 및 기회에 대한 사전 예측 및 대응 방안을 모색하는 것을 주목적으로 한다. 이러한 모니터링과 분석을 통해 해상안보 정책, 질병 예측 및 대응정책, 인구정책, 교육발전정책 등을 지원하고 있다.[08]

---

06 http://app.rahs.gov.sg/public/www/home.aspx
07 http://nsworld.org/sites/nsworld.org/files/findings/findings5/rahs.jpg
08 한국정보화진흥원, 2012국가정보보호백서, 2012, 55면.

### (2) 시카고의 도시 경쟁력 제고를 위한 빅데이터 활용 사례: Smart Data Platform

블룸버그(Bloomberg) 자선기금으로부터 1백만 달러의 지원을 받아 시작된 시카고의 스마트 데이터(Smart Data) 사업은 지도자들로 하여금 신속한 결정을 내리고, 문제가 발생하기 전에 그 문제를 방지할 수 있도록 정보를 수집하고 분석하는 공개된 정보(open-source)를 바탕으로 하는 예측적 분석 플랫폼(platform)을 개발하는 것을 그 목적으로 하고 있다.[09] 이러한 스마트 데이터 사업은 두 가지의 목적을 가지고 있는바, 그 첫 번째는 도시의 관리자들로 하여금 데이터의 경향을 분석하고 예견되는 문제에 대응할 수 있도록 하고 두 번째는 그러한 역량을 스스로 갖출 수 없는 도시들과 플랫폼을 공유하는 것이다. 즉, 이 사업을 통해 개발된 소프트웨어들은 공개돼 다른 도시들도 사용할 수 있도록 할 예정이다.[10]

현재 스마트 데이터 사업의 1단계가 종료돼 있다. 이를 통해 만들어진 첫 번째 시스템인 WindyGrid는 공공의 안전을 담당하는 기관의 활동에 필요한 모든 자료를 통합된 형태로 하나의 화면에서 볼 수 있도록 해주는 것이다. 다양한 형태의 자료들이 사용자 편의적인 하나의 지도 화면에 나타나며, 이를 통해 사용자들은 문제점을 해결하고 자동적으로 갱신되는 정보와 경보를 수령할 수 있다. WindyGrid는 시의 공무원들에게 한 곳에서 시카고의 빅데이터에 쉽고 전략적으로 접근할 수 있도록 설계된 컴퓨터 애플리케이션이다. 지리적으로 연결된 311 및 911신고, 공공

---

09 http://datasmart.ash.harvard.edu/news/article/chicago-mayors-challenge-367
10 Smart Data Platform은 시의 특정 지역에서의 교통 상황과 보행자들의 활동을 분석하고 이를 기상정보, 교통신호의 시간, 가로등에의 접근성 등 도시의 다른 정보들과 비교할 수 있다. 이렇게 함으로써 스마트 데이터(Smart Data)는 도시의 통행 혼잡을 방지하기 위해서는 어느 곳에서 개입을 해야 하는지를 예견할 수 있다.

의 트윗, 긴급대응활동 자료, 감시 카메라를 통한 비디오 화면 그리고 시내버스의 위치와 같은 12가지 이상의 다양한 자료를 포함하고 있다. 이의 이용자들은 유형, 시간 및 특정 장소와의 거리 등에 따라 자료를 요청할 수 있으며, 결과의 정도에 따라 색깔로 단계적으로 표시되는 지도의 형식을 포함해 결과가 나타나는 형태를 결정할 수 있다. 현재 WindyGrid는 2012년에 개발됐으며, 초기의 WindyGrid는 2012년의 북대서양조약기구(NATO) 훈련 시 시카고의 재난관리통신실(Office of Emergency Management and Communications: OEMC)에서 성공적으로 운용됐다.[11]

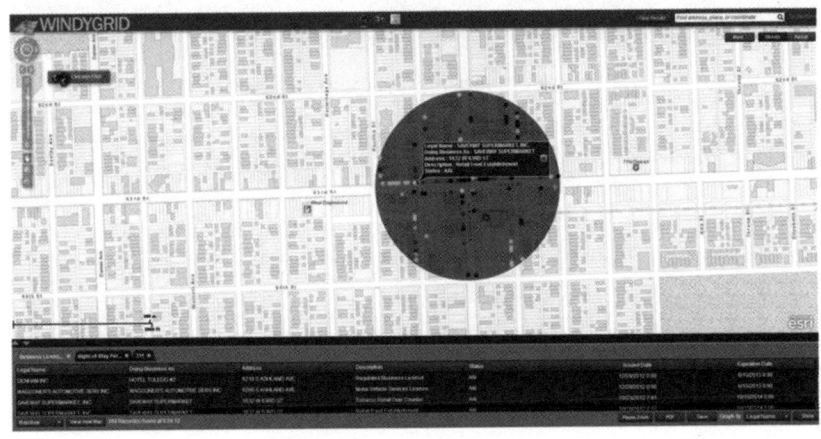

[그림2] WindyGrid의 실행 모습

WindyGrid는 상황경보와 사고에 대한 관측, 역사적 자료의 재생, 진보된 실시간 분석의 세 가지 주요한 기능을 수행한다. 사용자의 관점에

---
11 http://datasmart.ash.harvard.edu/news/article/chicagos-windygrid-taking-situational-awareness-to-a-new-level-259

서, 이 애플리케이션은 자료의 유형, 시간 그리고 (지리적 지점 또는 개개인의 특성에 맞춘 지역으로 제공되는) 장소에 따라 특정한 탐색을 할 수 있도록 하는 홈페이지에서 시작한다. 이를 통해 탐색을 수행할 때 사용자는 즉각적으로 특정 교차로에서의 차량사고의 연혁을 이해할 수 있으며, 사고가 발생한 범위 내에서 일어나는 311 신고를 실시간으로 시각화할 수 있다.

[그림 3] 시카고의 재난관리 상황실 전경

# 7

# '소방 빅데이터 센터' 왜 필요한가*

10.29. Disaster

지난 2020년 1월 10일 한국소방단체총연합회 신년회에서 정문호 소방청장은 소방공무원의 국가직화 원년인 올해 "통계분석을 기반으로 좀 더 체계적이고 과학적인 재난 예방 관리가 가능하도록 소방 빅데이터 센터를 설치하는 등 4차 산업혁명에도 발빠르게 적응해 나가겠다"고 강조했다.

이는 소방청이 소방의 국가직 전환에 따른 '소방 빅데이터 센터' 구축을 시급하게 추진해야 할 정책임을 밝힌 것이다. 왜냐하면 소방청은 올해부터 지역별 재정자립도에 따른 소방 본부별 인적·물적 자원 불균형을 조정하기 위해 관련 빅데이터 근거를 기반으로 효율적 배분과 활용을 시작해야 하기 때문이다.

소방청은 현장 출동 인력 부족을 개선하기 위해 2020년에 3,667명, 2021년엔 3,642명, 그리고 2022년엔 3,903명을 충원할 예정이라고 밝혔다. 이대로 진행된다면 소방공무원 1인당 담당 인구가 768명으로 떨어질 수 있다. 이는 미국(911명), 일본(779명)과 비슷해지는 것이다. 소방의

---

* 서울신문, 2020.1.14
　https://www.seoul.co.kr/news/newsView.php?id=20200114500120&wlog_tag3=naver

국가직 전환과 소방공무원 충원 사업은 문재인 정부의 공약 추진에 대한 노력이자 성과로 볼 수 있다.

하지만 안전에 대한 높아진 국민 인식과 해마다 되풀이되는 지역별 소방자원 격차가 소방 공무원의 순직으로 이어지는 현실 개선에 대한 여론이 한몫을 했던 것도 사실이다. 따라서 소방청은 빅데이터 근거 기반의 예측 행정을 통한 육상재난 컨트롤타워와 화재 예방 대응을 위한 사전 예방과 완화 체계를 정립하고 증명할 수 있어야 한다.

최근 소방과 관련된 빅데이터가 국민의 생활안전 개선을 위해 유용하게 활용됐던 증거가 존재한다.

첫째, 2018년 12월에 소방청과 통계청은 함께 소방공무원 1인당 출동 건수가 매년 큰 폭으로 증가하고 있고, 벌집 제거, 동물 포획, 그리고 잠금장치 개방 등 생활안전사고 건수와 비율이 상승하고 있는 것을 발표했다. 소방 빅데이터를 활용해 국민 생활안전 위험도 분석의 가능성을 보여 준 것이다.

둘째, 2019년 11월에 국민권익위원회는 119 구조·구급 빅데이터를 활용해 생활안전사고가 빈발하는 공공시설 422곳을 선정하고, 한국교통연구원 등 전문기관의 검토를 거친 총 1202개(시설별 평균 2.85개) 개선 방안을 발표했다. 이는 소방청, 경찰청, 지방자치단체, 그리고 공단 등 시설 관리책임기관과 공유하는 등 유관 기관들이 공동으로 소방 관련 빅데이터를 기반으로 적극행정 구현의 가능성을 제시했다.

무엇보다 앞서 검토한 소방 빅데이터를 전문적으로 관리하기 위한 '소방 빅데이터 센터' 도입이 필요한 이유가 국내 사례에 있다. 통계청, 국세청, 그리고 기상청에서 이미 빅데이터 센터를 성공적으로 구축해 운용하고 있다는 것이다.

국내 빅데이터 센터에서 이미 검증된 효과로 첫째, 빅데이터 분석을 통한 기존 업무에서 효율성 향상을 발견했다. 둘째, 자체적으로 생성하고 여러 기관으로부터 수집한 기본적인 데이터를 실시간으로 보유하고 공개했다. 셋째, 자체적으로 수행한 빅데이터 분석 결과를 정책 입안자의 의사결정에 지원했다. 마지막으로 일반인 및 연구자들을 위한 빅데이터 분석 환경을 제공했다는 것이다.

미국과 영국 등 주요 국가 사례에 있다. 이들 국가에서는 '스마트 소방을 위한 지능형 소방 체계'라는 이름으로, 다양한 유관 기관으로부터 대량으로 제공되는 정보를 수집해 연결시키고, 그 정보를 처리 → 분석 → 예측해 지역사회, 소방본부, 지휘소 및 소방관 등에게 적절하게 그 결과 및 특정 목표에 대한 결정을 제공하고 있다.

화재가 발생하는 지역본부와 현장 지휘부에 미리 수집하고, 통합한 사고지역의 화재 현장에 대한 정보(건물의 평면도, 건물 내 위험물질의 여부 및 장소, 소화전의 위치, 가장 가까운 이동거리, 주변의 주민 분포 등)를 실시간으로 제공했다. 이는 현장 소방공무원의 소화활동에 유용하게 도움을 준다. 또한 산불과 같은 대규모의 화재가 발생하는 경우는 기상 상황 및 지표상의 가연성 물질의 상태 등에 대한 정보를 바탕으로 화재의 진행 방향, 진행 시간 등을 실시간으로 예측하고 관련 기관에 공유하고 있다.

소방 빅데이터 센터의 도입이 필요한 이유는 사고 발생의 촉박한 시간에서 현장에 대한 모든 관련 정보를 실시간으로 분석해, 현장의 소방관에게 모든 정보를 제공함으로써 위험 감소와 화재 진화의 효율성을 향상시켜 소방관과 시민의 안전을 확보하는 것이다.

# 이태원 참사

10.29. Disaster

한국의 재난관리를 논하다